中华传统文化
丛书

Chinese Traditional Culture
Concise Reading

中国孔孟儒学

胡发贵

著

CHINESE CONFUCIUS
AND MENCIUS
CONFUCIANISM

南京大学出版社

图书在版编目(CIP)数据

中国孔孟儒学 / 胡发贵著.—南京:南京大学出版社,2020.11

(中华传统文化丛书)

ISBN 978‑7‑305‑23886‑4

Ⅰ.①中… Ⅱ.①胡… Ⅲ.①儒学-研究 Ⅳ.①B222.05

中国版本图书馆 CIP 数据核字(2020)第 208229 号

出版发行 南京大学出版社

社　　　址　南京市汉口路 22 号　　　邮　编 210093

出 版 人　金鑫荣

丛 书 名　中华传统文化丛书

书　　名　**中国孔孟儒学**

著　　者　胡发贵

责任编辑　胡　豪

照　　排　南京紫藤制版印务中心

印　　刷　南京京新印刷有限公司

开　　本　880×1230　1/32　印张 4.5　字数 120 千

版　　次　2020 年 11 月第 1 版　2020 年 11 月第 1 次印刷

ISBN　978‑7‑305‑23886‑4

定　　价　28.00 元

网　　　址:http://www.njupco.com

官方微博:http://weibo.com/njupco

官方微信:njupress

销售咨询热线:(025)83594756

目 录

引 言

"孔孟儒学"中的"孔"指孔子,"孟"指孟子。孔子是儒学的开创者,而孟子则是孔子思想的继承者和传播者。历史上孔子被奉为"圣人",孟子则被尊为"亚圣",意思是仅次于孔子的圣贤。由于两人的特殊地位,他们的思想被视为儒学的代表,以致出现了"孔孟儒学"这一专称,并在中国古代产生了深远的影响。

自汉代董仲舒倡导"独尊儒术",并被汉武帝采纳后,孔、孟所开创的儒学,在中国古代就不仅仅是一种学问了,也是一种统治的思想,更是一种价值之源。诚如牟宗三先生所说:"开辟价值之源,挺立道德主体,莫过于儒。儒家之所以为儒家的本质意义就在这里。""在危疑时代,能挺起来作中流砥柱的,只有儒家。"在此意义上,儒家文化代表着中国古代的精神家园,而孔孟儒学,则是这一家园的标志性的思想符号。

在当今构建人类命运共同体的时代,随着中国文化走向世界,孔孟儒学越来越显著地体现出全球性思想资源的重要意义。作为人类文明发展史上轴心时代的重要精神成果,孔孟儒学一直经受着中国古代社会的不断试错和检验,也不断地在实践中得到丰富和发展;数千年来所积淀出的仁爱思想、和谐思想、尚贤思想、天人合一思想等等宝贵精神财富,正日益显示出中华文明和中国智慧的独特魅力,在当今全球性挑战和全球性发展难题面前,越来越受到重视,全世界智者的目光开始关注中华文明,尤其是孔孟儒学所包含的杰出思想。

孔子生于公元前551年,卒于公元前479年,在历史分期上属于春秋末期人。孟子生于公元前372年,卒于公元前289年,是战国时代的思想家，两人在世时间上前后相差 100 多年。这两位不同时期的先哲为什么会被联称在一起的呢？他们是怎样的哲人呢？"孔孟儒学"这一概念又是何时出现的呢？"孔孟儒学"又有哪些主要内容呢？下面我们就来一一介绍。

一、风云激荡

古话说:"知人论世"。要认识一位思想家、一个学派,了解其所处的时代背景,是非常重要的一个环节。前面说过孔子是春秋末期人,孟子是战国思想家,他们所处的时代统称为春秋战国。这是一个风云激荡、新旧冲突至为激烈的时代,有着鲜明的历史特征。

(一) 大变革

这个时代的一个鲜明特点就是革故扬新的社会变革,出现了许多新鲜事物。

1. 铁质农具和牛耕的使用

我国冶铁工业有着悠久的历史。据史料记载,铁质农具在春秋初期已出现。《国语·齐语》曾载管子这样的说法:美金(青铜)铸武器,恶金(铁)铸农具。公元前513年晋国为铸刑鼎,就曾在国都征收"一鼓铁"(古代以四石为一鼓,合四百八十斤)。到战国,已使用铁质农

甘肃嘉峪关魏晋墓牛耕图砖画

3

具,如《孟子》书中就记载有"铁耕"。至战国中期,木、石农具已渐被铁器所取代。

　　最初人类开耕田地,种植庄稼,主要依凭的是人力。在较为先进的中原地区,用的是脚踏耕具,即"耒耜"。据古代文献记载,先人很早就驯服、使用牛了。《易·系辞下》说,远在黄帝、尧、舜时代,就"服牛乘马,引重致远,以利天下"了。但这儿并未明说牛被用来耕地。比较可靠的是,春秋后期逐渐出现了以牛拖犁的牛耕。1923年山西省浑源县出土的春秋时期晋国的牛尊铜像,牛的鼻子已穿有环,说明此时牛已被用来从事劳作。孔子弟子中有一位叫冉伯牛的,即名耕,另一位叫司马耕的,字牛。晋国还有位力士名叫牛耕。耕牛相连,说明当时牛耕已为寻常之事。战国还出现了两牛共耕的犁。《管子·乘马》篇说:"距国门之外,穷四竟之内,丈夫二犁,童五尺一犁,以为三日之功。"

春秋齐国青铜牛尊(山西浑源出土,上海博物馆藏)

耕作图——耰

铁器和牛耕的结合,使农业技术大为进步,生产效率也大为提高。战国时已有"深耕易耨"的说法。所谓"易",即快速的意思。

铁农具和牛耕的使用,加之灌溉和施肥技术的改进,使农业产量有了明显的提高。据战国初期魏文侯的相国李悝的说法,当时魏国一亩田一般可产粟一石半,上熟时可产六石,中熟时可产四石,下熟时可产三石。当时一亩田的产量,最多可养九人,至少也可养五人。

2. "私田"与"初税亩"

随着铁农具的出现和人口的增加,越来越多的荒地被开垦出来。如中原地区的宋国和郑国之间本有许多"隙地",但到春秋后期被陆续开垦,建立了六个邑。

春秋时期,各国的土地制度主要是井田制,土地属天子所有。但随着铁农具的广泛使用,井田以外被开垦的荒地越来越多,它不属于公田而成为开垦者自己的"私田"。公元前 645 年,晋国就开始"作爰田",即承认"私田"合法。这类私田在其他诸侯国也纷纷出现,并逐渐得到官府的承认。封建土地制度开始逐渐取代奴隶制的井田制,这其间的一个重要标志就是税收的改革,即从劳役租向地租过渡,即按土地大小和土地好坏的等级来收租税。

公元前 594 年,鲁国实行"初税亩"制度,按亩征税。齐国在桓公时,已废除公田制。公元前 548 年,楚国按土田定军赋。公元前 538 年,郑国"作丘赋"。秦国在战国初期"初为赋"。春秋战国之际,中原各国都先后采用了按亩征税的新税制,这标志着各国承认了私田的合法性,并实际废除了井田制。由于承认土地私有,私田成为可买卖之物,即"土可贾焉"(《左传》襄公四年)。

地租的出现固然是一大历史进步,但农民的负担却有所增加。过去农民或耕种公田,或从军役,不会两者兼任,而按土地收税后,统治者把战争与赋税力役分为两事,农民却要一人同时负担两事。所以孔子反对鲁国用田赋,说是"贪冒无厌",比强盗还坏。不过,地税的出现,对古代社会的影响还是深远的,"赋税制的变化,标志着土地所有制的变化,农村里从而出现了不同于领主的地主以及有土地与少地或无地的农民阶级。"①

3. 变法

社会经济基础的变化,必然会带来上层建筑的变革,因为制度只是社会利益分配的反映。"私田"以及地租的出现,使过去的社会管理制度已难以适应新的社会需求,因此改变这一制度,建立符合社会发

---

① 范文澜:《中国通史简编》第一编,人民出版社 1949 年版,第 185 页。

展要求的新制度,亦即"变法"是必然的。事实上,春秋时就有变法了。公元前536年,郑国执政者子产将郑国的法律条文铸刻在象征诸侯权威的金属鼎上,向全社会公布,史称"铸刑书"。晋国范宣子也同样铸刑书。

到战国之际,各国为发展生产,为在兼并战争中赢得胜利,纷纷变法图强。赵国有公仲连改革,韩国有申不害的变法,齐国有邹忌的变法。各国变法中,要数魏国最早,李悝是代表人物。他制定的《法经》,重点在打击盗窃,保护私有财产。楚悼王任用吴起变法,废除封君世袭制,又"罢无能,废无用,损不急之官"。各国变法中秦国的商鞅变法最为著名。公元前356年,商鞅建立连坐制度,强令有二子以上的家庭分家,鼓励立军功,禁私斗。公元前350年,商鞅又开始进行第二次变法:统一度量衡;将秦全境设为四十一县;下令废井田,允许土地买卖。秦国经过这两次变法后,迅速走向富强,为统一六国奠定了基础。

各国在变法中,建立起了君主集权制,以及与之配套的官僚制度,以俸禄制代替了过去的采邑制;确立了土地私有制;形成了征兵制。这些新制度的出现,拉开了中国古代社会转型的序幕。

(二)兼并战争

春秋战国另一个显著的社会特征就是连绵不断,且愈演愈烈的战争。各国为辟地增财,纷纷恃强凌弱,侵城掠地。仅据鲁史《春秋》载,在242年里,列国之间的战事有483次,朝聘盟会450次。春秋时有一百多个大大小小的诸侯国,战争主要是几个大国之间的争霸,即晋、楚、齐、越之间的"四分天下"。

到战国初年,兼并得只剩下十几个了,而其中大国只有七个,这就是战国七雄:韩、赵、魏、燕、齐、秦、楚。

春秋时城市很小,一般诸侯国的国都周围不过九百丈,通常的规

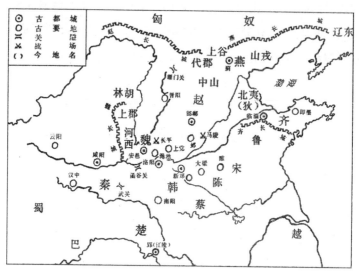

战国形势图

模最大不过千室,普通的只有百室。到战国,出现了千丈之城,万家之邑。城里的经济也非常繁荣,著名的如齐国的临淄,城里有七万户人家,有吹竽、鼓瑟、弹琴等各种演出,有斗鸡、走狗、六博等各种娱乐,车水马龙,热闹非凡。战国的"名都"还有许多,如燕国的蓟、赵国的邯郸、韩国的荥阳等,都富冠一时。

社会经济的发展,使人口激增,为扩军提供了条件。春秋初期,各大国的兵力较少,数万人而已。如晋国虽号称有六军,但在城濮大战中,仅七百乘兵力,每乘以三十人计,也不过二万余人。齐国在齐桓公时,有八百乘兵力,三万余人。到春秋末、战国初,鲁昭公有甲车四千乘,有近十五万兵力。但到战国时期不乏"万乘之国"了,即军队达百万人之巨。

社会经济的发展,也为新武器的问世提供了物质基础。春秋时武器是铜制的,主要有戈、矛、戟、弓矢等。由于冶铁技术的进步,后来铁制兵器渐渐取代铜质武器。在武器形制上,春秋战国之际出现了许多新武器,如弩,能"杀人百步之外",非常厉害,又如公输般发明的攻城的云梯和舟战的钩拒等。

云梯攻城图

兵更多,武器更先进,战国时期的战争也就更趋残酷。

其特征之一,各国都奖励杀敌,不要俘虏,即所谓"上首功"。秦国当时就被称为"上首功之国",齐国也规定斩首级可得赏金。孔子说春秋无义战,战国时的战争更是杀人如麻,无人道。于此史书记述甚详。其较为典型的例子有:秦献公二十一年,秦国和魏国战于石门,斩魏国士兵首级 6 万;秦惠文王后元七年,秦打败赵、韩联军,斩首 82000;秦昭王十四年,秦败韩、魏联军,斩首 24 万;秦昭王四十七年,秦军在长平坑杀赵军俘虏45万。据梁玉绳《史记志疑》统计,仅秦国在统一六国的战争中,就共斩首级160多万。

其特征之二,战争规模扩大。春秋时,用兵少。到战国,交战双方动用兵力常常达数十万之众。如公元前260年的长平之战,秦就俘虏了赵军40多万,公元前251年,燕攻赵,用兵多达60万。

其特征之三,战争时间趋长。春秋时大战如城濮之战,也只用一天就见胜负;鄢陵大战也只花了两天时间;吴国军队攻入楚国都城郢,也只不过十天。到战国,一个战役打上几个月,甚至几年,已是常事。史称战国七雄"能具数十万之兵,旷日持久数岁"。魏惠王围邯郸三年而未能攻下,赵武灵王用二十万大军攻中山国,五年才凯旋。

其特征之四,更为讲究战术。春秋时的战争主要是马车作战,到春秋战国之际则演变为步兵和骑兵的合成战术。另外还出现了许多著名的军事家,如春秋时的孙武,战国时的孙膑、吴起和尉缭等。

战争固然是从分裂走向统一的选择,但社会却为此付出了沉重的代价。一次战争,"十年之田而不偿也"。人民饱受战争痛苦,"刳腹折颐,首身分离,暴骨草泽,头颅僵仆,相望于境,父子老弱系虏相随于路。"(《战国策·秦策四》)更甚者是"易子而食,析骸而爨"。战争所引发的这些社会问题和惨状,对当时的思想家,尤其是孔子和孟子触动很大,促使他们思考社会的前途和生命的价值和意义,因而特别宣扬"仁者爱人"的仁学。

(三) 社会矛盾加剧

春秋战国时期,社会矛盾日趋复杂与激烈。

其一,是社会剧烈的分化。春秋战国时期,出现了"高岸为谷,深谷为陵"的大变化,造成了"社稷无常奉,君臣无常位"的等级和身份制的瓦解,王侯沦为贫民,贫民升为贵族,已是习见之事。孔子曾感叹:

"禄之去公室,五世矣,政逮于大夫,四世矣,故夫三桓之子孙微矣。"(《论语·季氏》)孔子自己也亲见,曾主政于晋国的栾、胥、原等贵族,沦为奴隶;而奴隶反升为权贵,如齐国的鲍文子、鲁之婴齐、晋之州绰等。

其二,是社会贫富悬殊。于此,墨子曾有过尖锐的揭露:统治者荒淫奢侈,穿戴的是金玉,"锦绣文采靡曼之衣,铸金以为钩,珠玉以为珮";吃的是山珍海味,"刍豢蒸炙鱼鳖,大国累百器,小国累十器"。如齐国国君有马四千匹,搜括来的大量财富用不完而任其腐朽。晋国国君也是大筑宫室,淫侈无度。而人民则是"三老冻馁",衣食难继。因此人民发出了"昊天不平"的愤怒呼声。

其三,是暴政横行。如陈国执政者庆氏驱赶百姓为其筑城,夹墙板意外掉下,庆氏竟大开杀戒,以示惩罚。齐国的情形更坏,人民被处"刖刑"(砍脚)的人很多,以至都城的市面上,草鞋价跌而假肢价疯涨。

(四)礼崩乐坏

古代周武王打败商纣后,分封天下,建立了中央集权统治,形成了"普天之下,莫非王土,率土之滨,莫非王臣"的大一统制度。周天子分封土地和人民给诸侯,而他有权向诸侯国征收贡赋,而诸侯则有义务向周天子进贡。周王朝鼎盛时,"礼乐征伐自天子出",周天子享有无上的权威。但春秋战国时期,"周礼"渐成虚文,被忙于争霸的诸侯所忽视,甚至是凌越,出现了礼崩乐坏的社会局面。

首先是诸侯不朝贡天子了。按周朝的礼制,诸侯要定期朝见周天子,即"比年一小聘,三年一大聘,五年一朝",并带去一定的贡奉。但随着周天子权威的衰落,朝贡制衰弱了。据鲁史《春秋》记载,在242年中,鲁国君仅三次朝贡天子,鲁大夫聘周也仅四次。鲁国是周公后代,在亲缘上与周最近,鲁国尚且如此,更不要说其他诸侯了。

其次是君臣之礼紊乱。春秋战国时，"君臣无礼"、"上下无别"的社会现象不断出现。如按周礼是天子召国君，但公元前 632 年，晋文公却公然召周天子。按照规定，国君可以于正门间设屏风以别内外，国君为招待外宾，也可以于宫中东西两大柱之间，设有泥制的贮酒器。作为齐国大臣的管仲，本不应该有这些设施的，但他却都有。鲁国季氏本属陪臣，但竟用天子才能用的"八佾之舞"，还像天子一样"旅（祭）于泰山"。

再次是以下犯上。孟子说："世道衰微，邪说暴行有作，臣弑君者有之，子弑其父者有之。"臣子杀国君、儿子杀父可谓是这一时期礼崩乐坏的极端表征。据司马迁阅史所得，春秋 240 年之中，臣弑君有 36 次之多。见诸史籍的有卫国的卫州吁杀卫君完，宋国的宋督之杀宋君与夷，宋人杀宋君杵臼，晋国赵穿杀晋君夷皋，晋人杀晋君州蒲，齐国陈成子杀简公等。当时不仅有臣杀君，甚至还有子杀父的，如楚国太子商臣杀其父，蔡国太子般杀其父。这类人伦惨剧的出现，更为痛切地说明了春秋战国之际，社会规范的破坏，社会礼乐的不振，是一个乱象频仍的时代。

（五）文化下移和文化繁荣

春秋以前，文化主要掌握在卜史巫祝之类的神职人员手中，他们被称为"文化贵族"。商朝有史官，掌管典籍。周朝和各诸侯国有史官，记言记事。周朝中的太史、小史、内史、外史、御史，也均为文化官员，他们掌管图书典籍，不过这些图书典籍，只供少数贵族使用。这些史官们的职业都是世袭的，"父子相传，以持王公。"

不过，物换星移，在春秋战国的历史大变革中，王公贵族的文化特权也遭到挑战，文化呈现出"下移"，即所谓"天子失官，学在四夷"。周平王东迁洛邑之后，王室逐渐贫弱，只有洛阳周围几百里的狭小地盘，

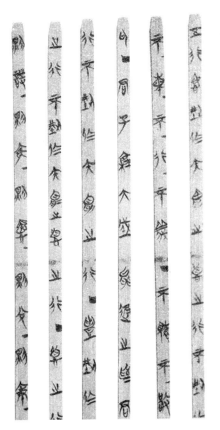

湖北郭店出土战国楚竹简

其产出有限,各诸侯国又不朝聘贡献,周天子已养不起众多的有专门知识和技能的王官百工,再加上战乱,那些有专门知识和技能的人,陆续散落到了各诸侯国。如《论语》中记载的:鲁乐官之长的"大师挚"就跑到了齐国,宫廷乐师"亚饭干"迁移至楚国,"三饭缭"则跑到蔡国,而另一位叫"四饭缺"的则跑到更远的秦国了。鼓师"方叔"跑到河内,打小鼓的"武"则跑到汉中,相当于鲁国乐官助理的"阳"、打磬的"襄"则跑到海岛上去了。

文化下移带来了文化的扩散和繁荣。其一是多个文化中心的出现。在普天下之下皆为王土的时代，只有天子所在的都城才是文化的中心。而到东周时，出现了齐、鲁这两个文化中心，时人有"周礼尽在鲁"的感叹。随着文化的南移，楚国也迅速崛起为新的文化中心。其二是诞生了许多著名的大学问家和学派。如鲁国有孔子的儒家、宋国有墨子的墨家、楚国有李耳的道家。其三是私人讲学的兴盛。过去学在官府，只有贵族子弟才能读书识字，但随着文化的下移，私人讲学慢慢兴起。春秋后期，邓析在郑国聚徒讲解法律和如何打官司，孔子在鲁国教授"六艺"，有弟子三千。到战国时，私人讲学之风更盛，著名的学者无不设馆收徒。如墨子，史称有弟子三百。大儒孟子、荀子等，也都纷纷收徒。其四是私人藏书的出现。春秋以前，学在官府，文化典籍都藏在深宫中，私人是无法拥有图书的。可是随着王权衰落、文化下移，学者个人也可能集聚起数量可观的图书。如墨子到其他诸侯国访学时，就"载书甚多"。以好辨著称的惠施，"其书五车"，后世"学富五车"的成语，就是从他那儿来的。其五是穷人也能学文化了。过去只有贵族子弟学文化，私人讲学出现后，贫贱之士也有了学习的机会。孔子有教无类，只要付上一定的学资，都可以来学习。他的弟子中子赣、季路、子张等都是出身贫寒的，非常有名的颜渊，也是个穷学生。

贵族对文化的垄断被打破了，文化迅速扩散到民间，这意味着文化的发展和繁荣有了广泛的社会基础；而当时各国兴起的养士风气，更刺激了思想文化的繁荣，于是出现了"百家争鸣"的文化繁盛局面。

原来，春秋战国之际愈演愈烈的争霸，迫使各国为在逐鹿中原的争斗中获得先机，纷纷求贤纳士，礼遇、重用有文化、有学问的人。如战国初期，魏文侯为进行政治改革，就重用乐羊、吴起、李克、西门豹等；鲁缪公则任用公仪休为相；燕昭王为挽救国家的危亡，先尊学者郭隗为师，又接纳苏秦、邹衍等人；齐国孟尝君、赵国平原君、魏国信陵君、楚国春申君，养士都达三千人。在优养学者方面，齐国做得最为出色。齐国在都城临淄的稷门设学宫,史称稷下学宫,聘请邹衍、慎到等七十六位著名学者,并给予优厚待遇,让他们尽管著书立说。到齐威王、齐宣王时,稷下的学者发展到了一千多人。

社会的大变革,产生了许多新的社会问题,推动学者们去思考,去寻求解决的办法;而各诸侯国,为吸引学者为自己出谋划策,对各家学说兼而礼之,不主一家,并支持他们彼此之间的相互争论。不仅在生活上优待他们,更在思想上鼓励他们畅所欲言。于是各种见解,应时而生,"是以九家之术,蜂出并作,各引一端,崇其所善。"(《汉书·艺文志》)出现了许多学术流派,史称"诸子百家"。百家只是个比喻的说法,实际上并没有这么多。司马迁的父亲司马谈,将诸子百家概括为阴阳、儒、墨、名、法、道德六家;西汉末年的刘歆,则提出十家说:儒、墨、道、名、法、阴阳、农、纵横、杂家、小说家。各家都著书立说,据统计,十家共著书 4324 篇,可见当时学术是多么繁荣。

由于各家来自不同的地区,代表着不同的阶层,人生经历也不一样,对问题的看法,当然会有所差异;各国纷争的社会形势,客观上为思想自由提供了宽松的舆论环境。于是各家为阐述和宣传自己的政治主张、哲学观点和思想,展开了激烈而自由的辩论,历史上称这一历史盛况为"百家争鸣"。百家争鸣推动了春秋战国时期的社会变革,促进了文化的发展和学术的繁荣,培养出了一大批学识渊博的学者和思想家,为中国传统文化的发展准备了丰富而深厚的思想资源,也为孔孟儒学的产生提供了良好的思想环境。

(六) 人文觉醒

随着社会生产的发展和文化的繁荣,春秋时期涌现出了许许多多杰出的文化精英,他们立德、立言、立功,创造了一个思想活跃、意气风发、新论纷呈的"轴心时代",留下了丰富而又影响深远的思想文化遗产,而其间最为突出的当是人文觉醒,即讴歌人、宣扬人的光荣和价值。

其一,吉凶由人。

迷信天命鬼神,是夏商周三代以来流行的文化传统,以为天地间有个至上的主宰,世间一切都受其控制,吉凶祸福有征有兆,都为天命所定。商纣王覆灭前所叫嚣的"我不有命在天乎",就折射出了这一点。然而,春秋智者们对弥漫的天命鬼神观提出了批评和质疑。

首先,他们以为天象无涉于人事。公元前525年,鲁、郑等国上空出现彗星,郑国巫师裨灶推测宋、卫、陈、郑四国都将要发生火灾,他建议主政的子产用瓘斝玉瓒祭神来禳灾,但子产不理。后来宋、卫、陈、郑等国相继发生了大火。裨灶又放话说:不听我的,郑国还要发生火灾。国人很担心,请求子产祭神禳灾。子产仍然不同意,并说:"天道远,人道迩,非所及。"意思是说自然现象有其内在的规律,而这一规律与人世间的法则有霄壤之别,天象归天象,人事归人事,两者根本无涉。结果郑国也未再发生火灾(《左传》昭公十八年)。其时另一位著名智者齐国上大夫晏子也持类似的见解。有一年齐国出现了彗星,齐侯以为这是凶象,让晏子祭神禳之。晏子反对说:"无益也,只取诬焉。"(《左传》昭公二十六年)

其次,他们强调世间的异象没有所谓吉凶祸福之意。鲁僖公十六年,宋国出现过二回奇特的天象,有五颗陨石堕于境内,同时又有六只鸟倒退飞过都城。宋襄公就问周内史叔兴这是吉兆还是凶兆?叔兴认为根本没这回事,宋君之问就是错的,他说:"君失问。是阴阳之事,非吉凶所生也。"(《左传》僖公十六年)文中所谓"阴阳之事",即陨石、鸟倒飞等异象,没有什么人间的吉凶寓意,只是自然界的一种客观现象。

再次,他们认为吉凶祸福都是人类自己造成的,即"妖由人兴,吉凶由人"。鲁庄公八年,郑国都城南门有两条蛇相斗,结果城门外的蛇把城门内的蛇咬死了。到了鲁庄公十四年,郑国发生了一件政治大事:原先逃亡到栎邑的郑厉公,打回都城,杀死了国君子仪,重新执权。此时就有人构联起六年前内外蛇相斗的之事,以为是天象垂示,鲁庄公也狐疑这里面是否有鬼怪作祟,就问鲁国大夫申繻,"犹有妖乎"?申繻回答说:"人之所忌,其气焰以取之,妖由人兴也。人无衅焉,妖不自作。人弃常则妖兴,故有妖。"(《左传》庄公十四年)所谓"妖由人兴"正明示,世间本没什么鬼怪,只是"人弃常",即违反人伦物理而导致"妖"的出现。上面提及的叔兴也持同样的主张,他不仅认为天降陨石为自然的"阴阳之事,非吉凶所生也",而且坚称"吉凶由人"!换句话说,世间万象,各有其因,没有一个什么超验而万能的主宰在背后操控,更不可能警示或预兆人间的祸福,相反,人的吉凶不是神、妖所致,而是人自己所作所为导致的。

从天、人两分,到自然化的理解世间异象,再到"吉凶由人",实际上是一步步祛魅天命鬼神,并力图理性化地理解一切,不再一味沉湎于对虚无缥缈的天命主宰的迷信。这些新的思想观念中隐含了一种重要的精神转折,即由膜拜鬼神,转而倾心于对人自身的省视和肯定,这一变化显示了人不再惊恐于变幻莫测的世界万象,甚至异像,相反,是淡定而又自信地面对这个世界,理解这个世界。

其二,民为神主。

"吉凶由人"排除天命鬼神对人的存在及意义的决定和控制。由此进一步,春秋执政的卿相们还提出了"民为神主",更强化了人的主体性和主宰地位。

桓公六年,楚、随停战和解,楚师退,随侯却想出奇兵追击之。随国大夫季梁反对,但随国国君却以为自己祀神"粢盛",会得到神的佑助而获胜。但季梁以为,迷信鬼神是靠不住的,因为这有背于天地之道,"所谓道,忠于民而信于神也。……夫民,神之主也,是以圣王先成民而后致力于神";而当时随国的情况是"今民馁而君欲,祝史矫举以祭,臣不知其可也"。(《左传》桓公六年)意思是说,人民是国事的主体,更是战争胜败的关键,如果人民困苦不堪,国君又不能尊重民意,祝史再隆重地祭祀,也是没用的。这里季梁提出了一个重要的观念,即"夫民,神之主也",其意无疑是强调人民是最终决定的力量,是本,神只是民意的折射,只是末。所以"圣王先成民而后致力于神",而且也必须"忠于民"。民、神相较,民显然被置于更为优先、更为紧要的位置。

周太史史嚚也有类似的见解,他说:"吾闻之,国将兴,听于民;将亡,听于神。神,聪明正直而壹者也,依人而行。"(《左传》庄公三十二年)文意是批评虢国国君"虐而听于神",虽然他想方设法讨好神,但却苛刻地对待人民,故史嚚肯定神是不会听他的,也不会救他的,而且断定:"虢必亡矣"! 史嚚深信,神是"聪明而正直"的,是"依人而行"的。文中之"依",其意即如上文所谓的"民为神之主",突出神是听命于民的,人才是神的终极决定者;而"国将兴,听于民;将亡,听于神"之说,则更将神置于负面位置,相反,却大大拔举了民的价值和意义。这种对比和颠倒,无疑空前凸显了人(民)的主体性和神的依附与从属性。

民为神主说,既祛魅了天命鬼神,又确证了人的价值,抱此理念的春秋智者当然也难以容忍那种将人作为神之贡品来牺牲的做法。僖公十九年,宋国准备在"次睢之社"将鄫子作为牺牲来祭祀,宋国公子司马子鱼坚决反对,他说:"古者六畜不相为用,小事不用大牲,而况敢用人乎? 祭祀以为人也,用人,其谁飨之?"(《左传》僖公十九年)文中"祭祀以为人也,用人,其谁飨之",即表明民为主,神是为人服务的,人才是终极性的目的;而"况敢用人乎"的诘责,则鲜明体现了对人的尊贵性和至上价值的体认,这也应是司马子鱼反对用人殉的最重要的理由。又如晋国大夫魏武子临死前,嘱其子魏颗必以所爱之妾殉葬,但魏颗以为这是为父病重时的昏言,后不从。(《左传》宣公十五年)魏颗的做法不仅无损于其孝子形象,反而表现出一种理性精神和尊重生命的人文情怀。在此意义上,春秋智者"民为神主"说,实开启了"人为贵"的思想先河,亦为儒家爱人之仁学的滋生,提供了重要的观念渊源。

其三,立君为民。

在神人关系上,春秋执政卿们扬人抑神,彰显了人的主体地位,由此也就在理论上为重民说预设了前提,因为神都要依人而行,君又怎能不尊民、敬民呢!正如前文所引史嚚所论:"国将兴,听于民"。于是这也就合乎逻辑地引伸出以人民为中心的"立君为民"的政治诉求。

这一诉求,首先表现在春秋智者们强调君的使命应是心系人民,以恤民、利民为怀。鲁庄公十一年秋天,宋国遭了大水灾,鲁庄公遣使去慰问。宋闵公很自责,以为都是自己的过错,致使人民蒙受苦难。鲁国大夫臧文仲听到宋闵公这些话,颇为感慨,赞许地说:"宋其兴乎!禹、汤罪己,其兴也悖焉;桀、纣罪人,其亡也忽焉。"所谓"罪己",即勇于承担责任,并时时反思、警醒对人民的承诺;相反,"罪人",则是推诿责任,而且还恃仗"天命"庇护,不思反悔。故"罪己"体现了"有德之君"的品格,流露了"恤民之心",是理想的君主,如禹、汤;反之,"罪人"的则多为虐民的暴君,如桀、纣之类(《左传》庄公十一年)。后世孟子大概受此"罪己"说启发,构建"王无罪岁"论,要求君主们无条件的力行仁政,与民同乐。

邾文公迁都利民之举,则更为生动地诠释了立君利民的理念。文公十三年,邾国欲迁都于绎,但占卜的结果是"利于民而不利于君",有人因此反对搬迁。但邾文公却认为,君的使命就是利民、养民,只要有利于人民,也就实现了自己的利益,"苟利于民,孤之利也。天生民而树之君,以利之也。民既利矣,孤必与焉。"遂迁于绎。邾文公不从占卜,坚信立君利民,既流露了"民为神主"的理性精神,更体现了对君民关系的一种民主性的理解,即人民利益为先、为大,君是为人民的利益而设、而存在的,质言之,即人民为本。

其次,君权取决于人民。春秋是个大变革的时代,仅《春秋》一书数百年历史记载中,就有"弑君三十六,亡国五十二"的频繁君权更替。面对这一剧烈的"君臣无常位"政治变化,春秋智者认为其间一个重要的原因是君失去了为君之道,即统治者不能"罪己、利民",不能以人民利益为重,从而失去人民的支持,最终被人民所抛弃。襄公十四年,卫国的国君被国人赶出来,晋侯听说后觉得卫国人做得太过分了,但师旷以为这不是国人的过错,而是卫侯不能善待人民所导致的结果,"良君将赏善而刑淫,养民如子,盖之如天,容之如地。民奉其君,爱之如父母,仰之如日月,敬之如神明,畏之如雷霆,其可出乎?夫君,神之主而民之望也。若困民之主,匮神乏祀,百姓绝望,社稷无主,将安用之?弗去何为?"(《左传》襄公十四年)无独有偶的是,鲁昭公也被赶出鲁国,而且在流亡中死去。赵简子为昭公的这一不幸遭遇忿忿不平,但大夫史墨却认为这实是昭公咎由自取,他在位时不能体恤造福人民,耽于一己享乐,丧失了人民的拥戴,"鲁君世从其失,季氏世修其勤,民忘君矣。虽死于外,其谁矜之?社稷无常奉,君臣无常位,自古已然。"(《左传》昭公三十二年)晏子不死君难,也体现了与上述两位智者相近的立场。齐庄公因私通崔杼之妻棠姜而被杀。晏子听说后前往吊唁,但颇有感慨地说:"君民者,岂以陵民?社稷是主,臣君者,岂为其口实?社稷是养,故君为社稷死,则死之;为社稷亡,则亡之。若为己死,而为己亡,非其私昵,谁敢任之?"(《左传·襄公二十五年》)显然在晏子看来,庄公的下场是其为非作歹所酿就的,既非为国家,更非为人民,故其横死也是自找的,不值得同情,更不必从死。

上述三位智者的论说,流露出很明显的民本倾向,这就是为民和利民是立君的宗旨,如果为君做不到这一点,甚至相反还"陵民",那么他必然会遭到人民的唾弃,而且在道义上这样的君主也彻底丧失了主政的资格,即不配"为民父母"了,当然人民也无义务再支持、拥护他。而一旦失去人民的支持,其权力存在的基础就动摇了,其统治当然也就不合法了,其土崩瓦解是必然的。换句话说,君权不是神授的,不是天命不移的,当然也不是绝对永恒的,它的存续要靠人民的认同和支持。这里实隐伏了这样一种政治逻辑:民权才是君权的基础,民权决定君权。这种思路显然凸显了人民的至上性。

孔子很敬重春秋的执政卿相们,对他们中的一些智者,更是赞许有加。如他夸赞子产为"古之遗爱",誉叔向为"古之遗直",称晏子"善与人交,久而敬之。"孔子喜爱他们,当然也是出于其立身行事的高洁,但毋庸置疑的是,春秋这些智者们的人文情怀,想是最动孔子心弦的。

确实,对神鬼迷信的启蒙,对人的礼赞,对民权的推崇,千年之后,回味春秋先哲们的人文思绪,仍不能不感慨这是多么伟大的一种思想和贡献!

二、生平故事

后人曾说春秋战国时期,是一个亘古未有的大变革时代。正是在这一激荡不已的特殊岁月里,孕育出了中国古代的两位伟大思想家,也就是儒家的代表——孔子与孟子。前面提及孔子是春秋时人,孟子是战国时人。两人的生平经历又是怎样的呢?下面就分别介绍。

(一)"长人"孔子

孔子(前551—前479年),名丘,字仲尼。生于鲁国昌平乡陬邑(今山东曲阜)。父亲叫叔梁纥,母亲叫颜徵在。史书上说孔子个子很高,身长九尺六寸,乡亲们称他为"长人",很是奇异。孔子生下来头顶就是凹的,所以叫"丘"。有史料说孔子为父母"野合"所生,意指其父母婚配时不合礼仪,时叔梁纥已六十多了,而徵在还很年轻。

孔子像

孔子自称为"殷人"之后。其远祖为殷贵族,子姓。周武王灭商,封纣王庶兄微子启于宋,立宋国。孔子先祖孔父嘉是宋国宗室,为上卿,曾任大司马。五代后,改为孔氏。孔父嘉无辜被华父督所杀,其后人防叔为避祸而逃往鲁国。防叔生伯夏,伯夏生叔梁纥,叔梁纥生孔子。纥为武士,以勇力著称,曾做过地方官。孔子三岁时父亲去世。可能过于操劳,母亲三十多岁时也离世了。孔子时年只有十六七岁。由于不知父亲墓地,只得停母尸于"五父之衢"的地方,后经人指点,孔子才将母亲葬于一个叫防山的地方,并与父亲合葬。

孔子年轻时在家乡做小官、教书,后来带着学生周游列国,晚年一边在家乡教书,一边整理古代文献。史称孔子儿时嬉戏时,喜欢"陈俎豆,设礼容",表现出对社会礼仪的兴趣。他称自己15岁就开始有志于学,可父亲死后,家道中落,他不得不干一些杂活养家,后来他回忆说:"吾少也贱,故多能鄙事。"

母亲死后不久,鲁国贵族季孙氏请贵族亲友宴会,孔子以为自己为贵族之后,也有资格参加,就穿了孝服赴季氏宴。但在其府第前遭季孙氏家臣阳虎的拦阻,并说:我们家请的是士,你算哪门子,你不能进去。此番遭遇,想必使孔子深受刺激,促使他更加发愤学习,渐渐受到人们的关注和尊重。孔子生子时,鲁召公还特地派人送来一条鲤鱼,孔子也因此给儿子起名为鲤,字伯鱼。

孔子20岁时干过"委吏",即仓库管理员,还作过"乘田",即管理畜牧的工作。孟子说孔子做委吏时,账目很清楚,为乘田时,牛羊都很兴旺。22岁那年,孔子在家乡开办私塾,招收学生,曾点、颜渊等都来求学。34岁这一年,孔子声名鹊起,人们都称赞他"年少而好礼",大夫孟僖子临死之前,要他的儿子好好跟孔子学。孔子35岁时,鲁国内乱,他跑到了齐国,相传为了接近齐景公,孔子还屈尊做了高昭子的家臣。在齐国他听了虞舜传下来的名为《韶》的音乐,兴奋得三个月内吃肉不知肉味。那时候吃肉是非常难得的,一般只有贵族和年长者才有较多的机会,可见孔子对《韶》的陶醉。

公元前501—497年间,孔子官运不错。这期间他做过中都宰(相当于今天的县长)、鲁国的小司空(相当于工程管理局局长的助理)、鲁国的大司寇(相当于今天的公安、司法局长)。鲁定公十二年,孔子54岁,受季桓子委托,他由大司寇代理季桓子处理国事,史称"摄相"。这是孔子一生中担任的最大、也最有权的官职了。荀子说他为宰相七天,就杀了"鲁之闻人"少正卯。不过有不少学者怀疑荀子之说的可靠性。

后来季桓子不再重用孔子,于是他弃官离鲁,这一年孔子55岁(公元前497年)。在外漂泊14年后,68岁时孔子才返鲁。司马迁说孔子为宣扬王道,一路上访问过七十余位君主。不过研究者认为孔子实际上只到过卫、陈、曹、宋、郑、蔡等六国,活动范围主要在今山东、河南两省。

[明]无名氏《圣迹图》 孔子初到齐国时备受齐景公赏识

孔子周游列国的旅程中充满颠沛与危机。早在孔子35岁齐国之游时,就有了"接淅而行"的历险经历。那次孔子很受齐景公的赏识,甚至还准备将一块地方封给孔子。不过这遭到齐国重臣晏婴的反对,还有些大夫想加害孔子,于是他只好匆匆返鲁。孟子说孔子"接淅而行",意指情况太紧急,将锅中还没煮熟的米拿起来就走路,故水淋了一路。

周游列国期间,所遇的险事就更多了。先说"丧家之犬"。一次到郑国,孔子与弟子失散了,一个人站在城的东门。一个郑国人对子贡说:"东门站着一个人,一脸劳顿疲惫样,茫然无所适从,像一条失去主人家的狗一样。"师生汇集后,子贡将这番话告诉了孔子,孔子说:"称我像一条失去主人家的狗,很对。"路人的观感,足显孔子当时多么狼狈。其实如果仅仅狼狈倒也还好,孔子的周游还时常险象环生,如"蒲匡之困"。有一回孔子经过匡地到陈国,匡人以为孔子是鲁国的阳虎,因为阳虎长得和孔子很像,而阳虎曾欺负过匡人,所以就把孔子围了起来,一直困了五天,后来闹明白了才解围。再如"微服过宋"。宋国的司马为自己造了一石椁(套在棺材外面的大棺材),花了三年时间都没

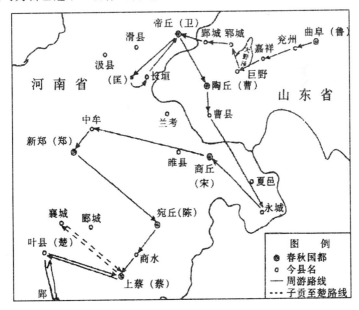

孔子周游列国路线示意图

25

造好。孔子听说后提出了批评,说这样的浪费,还不如速朽。这位司马听说后很不满,并顿生怨恨,想加害孔子。因此在经过宋国时,为免追杀,孔子被迫化了装,快速离开。又如"陈地绝粮":孔子和一帮弟子在从陈国到负函(今河南信阳县)的途中,由于没有资助,断粮好几天,有的弟子还生病了,又加上饥饿,学生们难免有些牢骚,而孔子却继续讲学、诵诗不辍。

孔子晚年有些凄惨。67岁时,夫人亡故。70岁时独子孔鲤病死了。不久又传来颜回的死讯,再接下来子路又永远的离去了。这两位都是孔子的得意门生,尤其是颜回,因此孔子极为悲伤。73岁那年孔子去世了。史称孔子临终前咏叹:"泰山其颓乎,梁木其坏乎,哲人其萎乎!"这真是千古绝唱,数千年之后仍不难想象孔子内心的痛楚。

历史上曾不断有人探问:孔子究竟是怎么样的人呢? 当时一位官为太宰的,就问子贡:"孔子是圣人吗? 为什么他那样多才多艺?"子贡回答说,孔子是圣人,所以富有才华。孔子的为人,按子贡的描述是"夫子温良恭俭让"。不过当时隐者的评论却是"四体不勤,五谷不分"。而照孔子的自评则是"其为人也,发愤忘食,乐以忘忧,不知老之将至云尔"。

作为一位智者,孔子在当时就以博学著称。孔子47岁那一年,季桓子挖井得一土缶,中间有物像羊一样,他佯称是一条狗,问孔子是何物。孔子说:"不可能是狗,而应是羊。因为我听说:山的怪异之象是夔,水之怪异之象是龙,而土之怪异之象是雌雄未分的羊。"季桓子不得不叹服孔子的博学。"土缶羊"外,还有一个"长骨头"的故事。有一年吴国攻打越国,摧毁了越的都城会稽,得到了一根很长的骨头。吴国人很惊奇,于是就派了一个使者来请教孔子,他问:"什么东西的骨头最长?"孔子说:"当年禹约众位神仙于会稽山,一位叫'防风氏'的神迟到了,禹杀了他。他的一段骨头长如车子,最长。"使者又问:"那么什么是神?"孔子答:"守山川得到祭祀的就为神。"使者又问:"防风氏守什么呢?"孔子答:"守封山、禺山。"使者又再问:"人的高度是多少?"孔子答:"西南叫僬侥的一支蛮夷,他们身长是三尺,是人类最短的,而最长的是十尺。"一番问答下来,吴国的使者由衷感叹:"孔子真是圣人!""楛矢"的故事也能生动表现出孔子知识的渊博。孔子在陈国时,碰巧有一只隼(一种凶猛的鸟)被八寸的楛矢(用楛木做的箭)击中掉到王宫里。陈国国君很惊讶,于是派人问孔子。孔子说:"这是只来自很远地方的隼,因为它身上的楛矢产自肃慎国。周武王时,肃慎国就进贡过楛矢。后来先王把肃慎国的楛矢分送给武王长女大姬,大姬嫁虞胡公而封到陈地。"陈国国君于是吩咐人到府库中查找,果然发现了这种楛矢。这里孔子举一反三,从一只鸟而道出了一段历史故事。

孔子为人严谨,温良有礼。弟子说他"子温而厉,威而不猛,恭而安。"即温和而严厉,威严而不凶神恶煞,庄重而宁静。孔子尤其注重礼节,《论语·乡党篇》中对此多有介绍。如说孔子睡觉时也讲究姿势,不像死尸一样直躺着。平时看到穿着孝服的人,即使是亲密的朋友,也一定严肃起来。看到戴了礼帽的人和盲人,即使是亲密的朋友,也一定恭敬有礼。吃饭的时候不交谈,睡觉时不说话。坐席摆得不妥当,是不坐的。在乡亲们面前很谦虚,寡言少语,但在宗庙和朝堂上,却是口若悬河。上朝堂时,非常谨慎,似乎有点局促不安。站时不站在门中央,走路不踩在门槛上。史书上说孔子小时候就喜欢"设礼容",看来孔子长大了,更重礼数了。

孔子生活有品位,对吃有很多讲究。文献上说他"食不厌精,脍不厌细",即食物不嫌做得精,鱼、肉不嫌切得细。朱熹解释说,吃得精细才养人,鱼、肉切得过粗会伤人。另外,变质的粮食和腐烂变臭的鱼和肉,孔子都不吃。食物颜色难看,不吃;味道难闻,不吃;烹饪不当,不吃;不是应时的食物,不吃;切得不好的,不吃;没有相应调味品的,不吃。食物以谷物为主,肉食有限量;但酒不限量,尽管喝,只要是不喝醉。孔子不到街上买酒和腌肉,朱熹认为这是孔子怕不干净,吃了拉肚子伤身体。难怪孔子收学生,特地说明送腌肉也能充抵学费。孔子也吃姜,但吃得不多。以现代的眼光看来,孔子的饮食之道,有些很符合科学道理,如荤素搭配,以谷物为主,肉食为辅,注重食品卫生,不吃腐坏变质的食品,注重烹调技艺,等等,这些都值得今人学习。看来,孔子不仅是我们民族的精神导师,在如何合理地生活上,也为我们树立了榜样。

(二)"好辩"的孟子

孟子(约前 372—前 289 年)姓孟名轲,活到 84 岁,比孔子长寿。他的先人可追溯到鲁桓公,不过对其家世,《史记》中却语焉不详,只说他是"邹人",大概出生于战国时的小国邹国(今山东邹城)。

孟子像

孟子虽然比孔子差不多晚生了 200 年,但他的身世却有好多问题没弄清楚。比如说孟子丧父的问题。汉人赵岐说得比较含糊,说是"夙年丧其父",意即孟子很小时候父亲就去世了。这很小到底是多小呢?有人比附孔子,也说孟子三岁丧父。这个问题已经很难考证了,但孟子幼年就与母亲相依为命是肯定的。《韩诗外传》(卷九)说,孟母为了教育好孟子,曾三次搬家,留下"孟母三迁"的美谈。原来先前住的地方靠近墓地,孟子喜欢与小朋友嬉戏其间,误了学习,孟母很担忧,于是搬家。新家靠近市场,孟子又与一帮玩伴模仿做生意的游戏,也难以安心学习,孟母又很担心,于是再搬家。这次的新家就在学校旁边,这下孟子没有了玩闹的地方,一心学习,后来终于成为大儒。

孟母不仅尽力选择好的居住环境,而且平时也注意培养孟子的品格,孟母断机诫子就是一例。一次孟子在母亲身旁读书,读呀读呀,不知为何就停了下来,母亲发现了,就拿起刀割断了织布机上的织线,并告诫孟子说:你如果不努力,就不会成才的,就会像这断线一样,织不了布。还有一回孟子问母亲,乡邻为何杀猪?母亲随口回答:是为了给你吃猪肉。话一出口,母亲心里清楚,这是自己为蒙骗儿子随便编的。为了纠正自己的不诚实,母亲真的去乡邻那儿买了些肉回来,烧给儿子吃。

孟子的经历,在不少方面与孔子近似,如招收弟子讲学,周游列国,宣传自己的思想与政治主张。据史料记载,孟子 40 岁左右开始在齐国、鲁国一带招收弟子。大约公元前 329 年,孟子率弟子首游齐国,并成为齐威王的顾问和稷下大夫。后来又到过宋、滕等国。滕国也待孟子如上宾,让他住在最好的宫殿里。他后来在齐国住的时间较长,很受齐国礼遇,齐宣王待之以"客卿"之礼。文献上说他"受上大夫之禄,不任职而论国事"(《盐铁论·论儒》),用今天的话说,当着大官,而又不用处理具体的事务，真是好不惬意。齐威王三十一年（公元前326年）因奔母丧，孟子返回家乡。处理完丧事后，孟子在家过了三年后又来到齐国。公元前316年，燕国发生"禅让"事件，齐国乘机进攻燕国。孟子对此颇为不满，萌生去意。为挽留孟子，齐宣王让时子告诉孟子，打算在都城中最好的地方，拨一处房子给孟子，并给以优厚的待遇，使孟子能收徒讲学，让孟子成为贵族和普通百姓学习的榜样。孟子不领这份情，于齐宣王八年（公元前312年）回到邹国，这一年孟子61岁了。掐指算来，从公元前329年到公元前312年，前后近20年，孟子一直在列国间周游。

告老还乡后，孟子与万章等弟子一起，研究《诗》《书》，阐述孔子的思想，后来写成《孟子》七篇。从孔子与孟子老而归乡并著书立说来看，当时的学者可能在壮年、盛年时，都意气风发，意欲以自己的学说批评、影响社会变革和历史发展走向，年老体衰后，则隐居家乡，整理自己的思想与学说。

孟子处于政治形势更加动荡的战国时期，但他的处境似乎比孔子要好些。孔子周游列国时，好几次都遇到很大的危险，一路上也很艰苦，有时甚至连饭都吃不饱，弄得大家凄凄惶惶。而孟子则不同了，他周游时不仅少有危险，而且处处受礼遇，队伍浩浩荡荡，有时数十辆车前后相连，跟随的人有好几百个。孟子在周游途中，经常受到各国君主的资助。如梁国闻孟子的名声，就以"卑礼厚币"邀请孟子，孟子接受了邀请。"厚币"，即是重金。其具体数目，从《孟子》一书来看，多的是一百，少的也有五十。如孟子经宋国时，受宋国君赠金七十镒，途经薛国时，收到薛君赠送的金五十镒。当然，孟子也不是来者不拒，他是有条件接受赠予的。如公元前323年，齐威王欲赠孟子金一百镒，就被婉言谢绝。收到的资助多了，孟子生活也就比较富裕了。母亲亡故时，孟子以"五鼎之礼"和上好的棺木葬母。

孟子出游时，后车数十，从者数百。

孟子是位很有性格的人，他颇为自负，不畏权贵，用他自己的话说，即不怕"大人"。他推崇"天爵"（德性品格）而蔑视"人爵"（权位）；他也不愿意过当时贵族高堂大屋、饮食奢侈、纵情声色、驱骋畋猎、暴殄天物的腐朽生活，他愿意生活得简朴而符合道义。所以他从来不羡慕、也不惧怕王公贵族，而自得于善养"浩然正气"！后世仁人志士，高唱节气，不为权贵摧眉折腰，其思想源头可溯至孟子。

孟子另一个特点是"好辩"。世人都说孟子好辩，一次弟子公都子就忍不住当面问孟子是否如此？孟子说，哪里呀，我是不得已才站出来说话的。为此他做了长篇的解释，其大意是：

　　古时候尧舜死了之后,圣人之道也就衰微了,于是每一个朝代都有暴君产生,也出现了种种邪说和暴行。后来竟然发展到大臣杀其君,儿子杀其父。孔子深为此感到忧虑,因此写作《春秋》,希望起到警世的作用。我们这个时代,更是没有了圣贤之王,诸侯们胡作非为,那一班智者们也是无所顾忌地胡说八道,像杨朱、墨子那样出格的思想,更是闹得沸沸扬扬,世人皆知。以至如今天下的思想,好像只有杨朱和墨子两派,不属于杨朱,就属于墨子。杨朱主张"为我",实是眼中无君主;墨子倡导"兼爱",实是心中无父母。这类无父无君的思想是禽兽之论。不平息杨、墨之道,就不能弘扬孔子之道,就会造成邪说误导人民,会遮蔽、损害仁义思想。仁义思想得不到宣扬,将会使人性沦落,甚至造成"人将相食"的严重恶果。我正是怕出现这种最坏的结局,所以挺身而出,保卫尧舜、孔子以来的圣人之道,批评杨、墨,揭露其谬误,抑制有害思想的产生。因为这类思想,会误导人们的行为,会使统治国家的人做出错误的决策,使人民遭殃。我坚信,如果尧舜孔子复生,也一定会支持我的看法的。过去大禹治洪水而天下太平,周公平治夷狄、驱走猛兽而使人民安居乐业,孔子写成《春秋》而使那些想犯上作乱的坏人害怕。我也是在承接这三位圣人的做法,扫除各种异端邪说,使人们明白真理所在,捍卫天下公理。这怎么能说我"好辩"呢!我是不得已才站出来说话的,我的所言所行,实在是在传承圣人的意志。

　　孟子虽自称不好辩,但由这段话看来,他确实是有辩才的。
　　孟子的另一特点是非常崇敬孔子。孟子曾由衷地说过,他的最大愿望就是学习孔子,继承他的思想与主张。他遗憾自己未能亲受孔子教诲,但他庆幸自己是"私淑"孔子的传人。弟子公孙丑问孟子:"伯夷、伊尹和孔子,是否为同一层次的圣贤之人?"孟子断然否定,他认为孔子远非伯夷、伊尹所能比,是迄今人类历史上最伟大的人物。用他的原话即"自有生民以来,未有若孔子也"。因此孟子对传说中有关孔子的非议,都予以辩驳。有一次弟子万章问他:"有人说孔子在卫国时,曾和一些君主亲狎的小人混在一起,真有此事吗?"孟子断然否定:"这不是事实,是那些无事生非的小人杜撰的。"

孟子也是位非常有抱负、有志向的人。他对古代圣人伊尹非常推崇,因为伊尹不仅是位圣人,而且他还说过:"予,天民之先觉者也,予将以斯道觉斯民也。非予觉之,而谁也?"对此,孟子非常欣赏。孟子以自己的理解注释伊尹这句话:让天下所有百姓都享受尧舜带来的好

山东邹城孟庙大殿

处,天下若有穷苦的人,都是自己的责任。真是说者有意,孟子借表扬伊尹,也凸显了自己的政治理想。其实孟子自己很明确地说过,当今如果要治理好天下,除我之外,还能有谁呢?

在下面展开的叙述中,我们还可以发现,孟子是位磊落正直的真情学者。

三、"孔孟"联称

儒家出现后,对其思想与理论的称呼,一般是"儒家"、"儒"、"儒术",至于"儒学"一词,则比较晚出。《史记·五宗世家》载:河间献王"好儒学,被服造次,必于儒者"。至于我们常说的"孔孟儒学",就更是后起的了,大概到了魏晋以后,孔孟渐被并称,进而出现了"孔孟之道"的说法,并以之作为儒学正统的代称。

(一) 孔、孟分说的历史

在儒家学派中,孔子和孟子无疑是举足轻重的大人物。不过历史上人们对孔、孟的认识却有所不同。

从古代文献来看,有很长一段时间,孔、孟被看成两个独立而不相关涉的思想家。庄子在总结先秦学术发展大势时,不仅没提过"孔孟儒学",甚至连孟子的名字都没提及。(《庄子·天下篇》)荀子在讨论十二子的学术时,也是分别论述孔子和孟子的。(《荀子·非十二子》)司马迁著《史记》,将孔子列为"世家",而将孟子则另立"列传"来介绍。王充在《论衡》中著《问孔》与《刺孟》两篇,显然也是分论孔、孟的。可见,孔、孟在汉以前思想家心目中,是两个不同的思想主体,这一认识既体现了人们对孔、孟思想与学术的认知与体认,也包含了孔、孟之间不同的历史际遇。

孔子创立儒家,在后来的历史发展中其主旨虽然日益突出,即"儒家者流,……助人君顺阴阳,明教化者也。游文于六艺之中,留意于仁义之际。祖述尧舜,宪章文武,宗师仲尼,以重其言"。(《汉书·艺文志》)但儒家内部也日渐分化,史称儒分为八:"自孔子之死也,有子张之儒,有子思之儒,有颜氏之儒,有孟氏之儒,有漆雕氏之儒,有仲良之儒,有孙氏之儒,有乐正氏之儒。"(《韩非子·显学》)后儒不仅各申其说,而且还互相攻讦,如荀子就抨击子张、子游为"贱儒",还指责孟子之说歪曲了孔子思想,其理论本身也"甚僻违而无类"。对儒家内部这种聚讼纷纭,作为法家代表的韩非不无幸灾乐祸地说:儒家派系如此林立,内部见解如此混乱,谁是其真正代表呢?"故孔、墨之后,儒分为八,墨离为三,取舍相反不同,而皆自谓真孔墨,孔、墨不可复生,将谁使定后世之学乎?"(《韩非子·显学》)

韩非这一诘问,表明在战国末期"道术将为天下裂"的历史背景下,儒学自身也呈现出"百家争鸣"之态。孔子之后,群龙无首,孟子不仅不被看成孔子的继承者,而且甚至还被视作"异端"。在这种情形下,孔、孟显然不可能比肩而立,事实上似霄汉悬隔。

(二) 孔贵孟轻的史实

孔、孟历史地位的差异,也很能体现这种悬隔。

上面说过,庄子在评说战国学术大势时,就未论及孟子,孟子未入其视域。荀子不仅分论孔、孟,而且明显是抑孟而尊孔的。他主张"仁人"应上法舜禹,"下则法仲尼子弓之义",孟子显然不在典范之列。他对孟子不仅评价不高,还甚为蔑视,将孟子说成"略法先王而不知其统,犹然而材剧志大,闻见杂博","甚僻违而无类,幽隐而无说,闲约而无解。"(《荀子·非十二子》)荀子还认为孟子是孔子的"罪人",以为必须灭息包括孟子在内的"十二子"之说,方能表扬圣王之迹。可见,荀子对孟子的学说完全是否定的。韩非虽然对儒家不以为然,但他还是肯定"儒之所至,孔丘也",而孟子只不过是孔子身后八个传人之一。

秦汉以前,学者对孔、孟的认知是不同的。秦汉以后,随着大一统中央集权统治的形成和加强,孔、孟的地位也日趋悬殊,其间一个突出标志就是孔子思想成为统治的思想。秦汉以前孔子开创的儒学固然是"显学",但这更多的是学术意义上的,并未受到哪个当权者的特别尊崇。到后来,尤其是经汉代董仲舒的表扬,孔子及其思想,日渐成为官方思想,孔子著述成为定于一尊的"经"。董仲舒在其贤良对策中向汉武帝进言,"诸不在六艺之科,孔子之术者,皆绝其道,勿使并进",希望实行思想一统,将孔子思想作为官

汉代大儒董仲舒像

学。故从汉武帝起,孔子不仅受到推崇,而且日益偶像化、官学化,被戴上了越来越多,也越来越神圣的封号。

但孟子的地位一直比较低,汉以前,孟子顶多也只是被视作一位著名学者而已。其间一个很大原因,汉儒赵岐认为是秦始皇的焚书坑儒所致。他说:"孟子既殁之后,大道遂绌,逮至亡秦,焚灭经术,坑戮儒生,孟子徒党尽矣。其书号为诸子,故篇籍得不泯绝。"(《孟子题辞》)赵岐竭力表扬孟子,誉之为"亚圣"。

西汉文帝时,《孟子》与《论语》《孝经》《尔雅》一起"皆置博士",立为官学。不过,时间不长,后来汉武帝罢黜百家,独尊儒术后,《孟子》博士员也就取消了。《汉书·艺文志》也只将《孟子》列为子部,仅视其为诸子之一。

(三)"亚圣"的浮现

赵岐虽然将孟子视作"亚圣",但似乎并未得到社会的广泛承认,尤其是未得到官方的认可。汉代以降,孟子的地位才逐步上升,"亚圣"的地位逐渐得到公认。

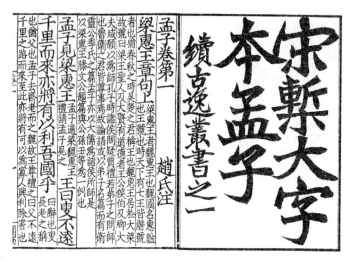

宋刻本《孟子》书影

《隋书·经籍志》开始将《孟子》列入经部,唐代礼部侍郎杨绾上疏,建议列《孟子》入"兼经",设为"明经"课目。此事虽未果,但透露了唐代尊孟的消息。韩愈在其著名的"道统"论中,鲜明地表达出尊孔孟而非尊孔颜的历史性变化,在文化发展的价值链上牢牢确立并突出了孟子的地位。他在《原道》一文中说,尧舜禹传下来的"道统",经周文王、周武王、周公,传到孔子,孔子传到孟子,孟子得孔子真谛,可惜孟子死后就后继乏人了。因此要寻求"圣人之道","必自孟子始"。韩愈非常推崇孟子,他甚至认为孟子的功勋不在大禹之下,"然向无孟氏,则皆服左衽而言侏离矣。故愈尝推尊孟氏,以为功不在禹下者,为此也"。

宋代孟子受到进一步的尊崇。宋仁宗景祐五年(1038年),兖州知县、孔子后人孔道辅,在邹县建孟子庙,大儒孙复为之作祭文。宣和年间,《孟子》首次被刻成石经,成为十三经之一。宋代大儒们是孟子"升格"运动中的有力推动者,像欧阳修、孙复都是孟子的崇拜者。欧阳修

朱熹《四书集注·孟子卷》书影

说:"孔子之后,唯孟轲最知道。"孙复认为,"孔子既没,千古之下,攘邪怪之说,夷奇险之行,夹辅我圣人之道者多矣,而孟子为之首,故其功巨。"(《孙明复小集·兖州邹县建孟庙记》)二程则肯定,"至孟子而圣人之道益尊"。王安石主政期间,大力表扬孟子:熙宁四年(1071 年),列《孟子》入科举;熙宁七年(1074 年),立孟子像于朝廷;元丰六年(1083 年),封孟子为"邹国公";元丰七年(1084 年),将孟子配享孔庙。

南宋诸大儒继续推动孟子的"升格"。朱熹穷毕生精力注解《论语》《孟子》《大学》《中庸》"四书"。陆九渊也自称其思想"因读《孟子》自得之"。宋宁宗时,有儒者建议将朱熹所注《论语》《孟子》集注作为官方之学。淳祐元年(1241 年),宋理宗下诏褒奖朱子,"朕惟孔子之道,自孟轲后不得其传,至我朝周敦颐、张载、程颢、程颐,真见实践,深探圣域,千载绝学,始有指归"(《宋史》卷四十二)。这里显然是将孟子视作孔子的当然传人。故当时就有人说:"今国家设科,《论》《孟》并列为经"。文中"并列"一语,则显示此时《孟子》不仅为经,而且已成为与《论语》一样地位的重要的经典。

(四)"孔孟之道"的出现

正是在这种持续不断的孟子升格运动的历史大潮中,孟子渐渐靠近了孔子,成为儒家当然的二号人物,于是"孔孟儒学"之称谓也就呼之欲出了。

从历史文献上来考察,"孔孟"连称始于魏晋之后。北魏《元昭墓志》中有这样的文字:"识总指途,并驱孔孟"。东晋咸康三年(337 年),国子祭酒袁瑰与太常冯怀,曾联名上奏《请兴国学疏》,文中以孔、孟对举,认为两人的思想宗旨是一致的:"孔子恂恂,道化洙泗,孟轲皇皇,诲诱无倦。是以仁义之声于今犹存,礼让之风千载未泯。"晋成帝司马衍赞赏他们的想法,惜未能实施。不过自此之后,孔、孟连称渐趋常见。

唐韩愈"道统论"主张"孔子传之孟轲",孔孟思想连称之意显豁。宋代苏轼《分类东坡诗》十八《次韵周开祖长官见寄》诗中,则明确地连称孔孟:"仕道固应惭孔孟,扶颠未可责由求。"元朝至元八年(1271年),董文忠语元世祖:"士不治经讲孔孟之道,而为诗赋,何关修身,何益治国"(《元史·董文忠传》)。这里不仅出现了孔孟,而且还有了"孔孟之道"这一特定的术语,其意显然非仅囿于指代儒学,更是指一种官方的、主流的统治思想。明清时期也常见孔孟连称和"孔孟之道"这一称谓,如著名学者姚鼐说:"孔孟之道与文,至矣。"

事实上,到了二十世纪七十年代,在"批林批孔"运动中,"孔孟之道"还被反复提及,只不过是作为反动思想的代名词而已。但从这一概念的存在来说,它也反映出人们对孔孟一体的认识。

（五）为什么会连称"孔孟"

孔子和孟子虽然都是儒家，但正如上述，孔子早孟子近 200 年，从两人的影响来看，虽然汉代以后孟子的地位渐渐提高，但孔、孟之间的差别还是很大的。历史上有些学者甚至认为，孔、孟的思想有很大的不同，如唐代大儒柳宗元就认为："孟子好道而无情，其功缓以疏，未若孔子之急民也。"（《柳宗元集》卷二十）

可是虽然如此，历史上还是出现了"孔孟之道"的成说，孔子和孟子仍被看成儒家的正统而权威的代表。这其间的原因又是什么呢？

其一是孔、孟生平出处相近。孔、孟之间虽相差一百多年，但在大的历史分期上来看，两人都处于春秋战国时期，具有大致相近的历史背景。孟子也说自己"去圣人之世，若此其未远也"。不仅时间相近，孔、孟所处的地点也相隔不远。孔子生在鲁国的曲阜，孟子则生在邹国，史称"鲁击柝闻于邾"。孟子自己也说："近圣人之居，若此其甚也。"

孔、孟的生平经历也相仿佛，两人都是幼年丧父。史称孔子三岁时父亲就过世了，他长大后连父亲的墓在何处都不知道。由于孔子是父母"野合"所生，有学者认为是"外庶子"，不能继承父亲的贵族身份，加上父亲死得早，所以孔子幼年、少年和青年时期，生活都较为贫困，他自己也说过，"吾少也贱，故多能鄙事"。据汉代学者赵岐的说法，孟子也是"夙丧其父"，具体几岁不详，后人猜测孟子也是三岁丧父。

另外，孔、孟都有游说诸侯，宣扬自己政治理想的经历。孔子从鲁定公十三年离开鲁国，到鲁哀公十一年回国，在外前后共漂泊十四年。据司马迁说，他"干七十余君，莫能用"。实际上孔子没到过这多么国家，比较较真的王充认为，孔子至多到过十几个国家。孟子也曾游历诸侯。约公元前 329 年率弟子首游齐国，成为齐威王的顾问和稷下大夫。齐宣王八年(前312年)孟子回邹,时年61岁。前后近二十年,孟子都在诸侯间周游。

孔、孟也都堪称教育大家。孔子首创私人办学,有教无类,史称有三千弟子,七十二贤人。孟子40岁左右在齐鲁一带招收弟子讲学,据赵岐说孟子有名有姓的弟子共15位。后人对这一数字有不同看法。不过,姑且不论孟子到底有多少弟子,说他是古代一位著名的教育家,则是不争的事实。晚年孟子回到邹国后,就专心讲学,并与弟子合著《孟子》一书。

其二是孔、孟都有相近的"信而好古"的思想偏好,都有志于传承古代文明。孔子自称"信而好古","好古,敏以求之"。这儿的"古",即尧舜周公所代表的历史文明。孔子对尧舜非常崇拜,对于周代的礼乐制度也是很神往,"周监于二代,郁郁乎文哉,吾从周"。这句话就生动表明了他的心态。

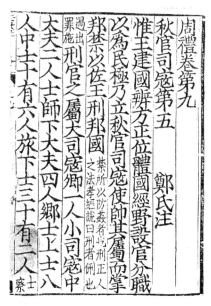

东汉郑玄注《周礼》书影

42

对于周公,孔子更是神往不已,连做梦时梦不到周公都十分在意,"甚矣,吾衰也。久矣,吾不复梦见周公"。周公被视为儒家元圣,他姓姬,名旦,是周文王之子,武王之弟,成王叔父,商周之际的名人。他辅佐武王伐纣灭商,建周。成王继位,周公辅政。管叔、蔡叔叛乱,周公讨平之,又分封天下。周公依商礼,制订田、官、禄、乐、法、嫡长子继承制等,形成完备的典章制度,统称"周礼"。他还提出"敬德保民"思想,主张天命靡常,以德辅天。孔子推崇周公,显然是对周公所代表的文明的膜拜。由此心迹,前人认为孔子确实是"好古"的,如《中庸》说孔子"仲尼祖述尧舜,宪章文武"。司马迁也说孔子"追迹三代之礼,序《书》《传》"。

孟子也是"信而好古"的,弟子称他"孟子道性善,言必称尧舜"。他自己也承认,他最为崇敬抑洪水、平天下的大禹;兼夷狄、驱猛兽,给人民带来安宁的周公;著《春秋》而让乱臣贼子害怕的孔子。他的心愿就是"承三圣"。所以司马迁说:"孟轲乃述唐、虞、三代之德,是以所如者不合,退而与万章之徒序诗、书,述仲尼之意。"(《史记》卷七十四)正因为孟子"好古",所以他也十分尊崇周公,称周公为"古圣人"。他认为周公兼有"四王"之德,"禹恶旨酒而好善言。汤执中,立贤无言。文王视民如伤,望道而未之见。武王不泄迩,不忘远。周公思兼三王,以施四事。其有不合者,仰而思之,夜以继日。幸而得之,坐以待旦"(《孟子·离娄下》)。

周公代表了上古华夏文明,对周公的崇拜,实质上是对华夏文明的向往和自信。由此,孟子自然表现出夷夏大防的文化关怀。当时楚人许行为神农之说,他北游到滕国,陈良放弃自己原来的学说而追随许行。孟子听说后甚为不满,认为许氏为蛮夷之人,其学说落后,陈氏不应从之。他说:"吾闻用夏变夷者,未闻变于夷者也。陈良,楚产也,悦周公、仲尼之道,北学于中国。北方之学者,未能或之先也。……今也南蛮鴃舌之人,非先王之道,子倍子之师而学之,亦异于曾子矣。吾闻出于幽谷迁于乔木者,未闻下乔木而入于幽谷者。《鲁颂》曰:戎狄是膺,荆楚是惩。周公方且膺之,子是之学,亦为不善变矣。"(《孟子·滕文公上》)孟子蔑视"南蛮鴃舌"的学者,固有其历史的偏见,但也显而易见,其宗旨是为捍卫周公所代表的华夏文明,这里再次流露了他对周公的敬仰。

其三是孔、孟思想的主旨相近。宋儒二程说:"孟子有功于圣门不可言。如仲尼只说一个仁义,孟子开口便说仁义,仲尼只说一个志,孟子便说许多养气出来,只此二字,其功甚多。"(《二程集》卷十八)这里虽然是肯定孟子对孔子思想的推进和发展,但这也表明,孔、孟思想是有其一致性的。比如孔子敬鬼神而远之,重人事,关心民瘼,注重如何富民、教民;孟子更加突出了孔子所表达的入世的立场,他的反战言论,他的"百亩田、五亩宅"以及轻徭薄赋的仁政思想,等等,都十分鲜明地表现了孟子对现实社会的强烈关注。再如孔子宣扬仁者爱人,重视人的生命和价值;孟子也同样强调人的价值是至上的,他宣扬不嗜杀人的政治家才能得到人民的拥护,人应该过上人的生活,统治者应与民同乐,如果人民丰年吃不饱,凶年人民逃难死于沟壑之中,这是非常残暴和不人道的。再如孔子反对苛政,抨击苛政猛于虎;孟子则更多地从正面鼓吹仁政,要求给予人民"恒产",使人民衣食无忧,过上安宁、富足的生活。又如孔子讲究义利之辨,崇尚君子人格,推崇人能弘道的主动精神;孟子则更丰富和深化了孔子的义利思想,主张"何必曰利",倡导以义制利,并热情宣扬富贵不淫、威武不屈、贫贱不移的"大丈夫"品格与"浩然之气"。孟子还详细辨析了"能"与"为"的客观可能性与主观能动性问题,他充满豪情地断定,"人皆可为尧舜"!孔子重视君臣等级,关注忠孝礼义;孟子同样关注社会的礼乐文明,提出了君臣、父子、夫妇、兄弟、朋友等"五伦",认为这是人类文明发展的标志和重要成果。《汉书·艺文志》说儒家的要旨是:"助人君顺阴阳,明教化者也。游文于六经之中,留意于仁义之际,祖述尧舜,宪章文武。"可见,在儒家要旨上,孔、孟的思想在本质上是一致的。

其四是孟子志在传承孔子之道。在学术脉系上,孟子和孔子没有直接的授受关系,为此孟子不无遗憾,如他说:"予未得为孔子徒也,予私淑诸人也。"不过,一般认为孟子思想源自孔子。司马迁认为孟子"受业于子思之门人",而子思之学源于伯鱼,伯鱼出自孔子。从《孟子》一书的内容来看,其中引用孔子的话达 22 次,引用孔子事迹 12 次,引用孔子弟子的话 4 次,说及曾子及其家族人的事迹 5 次,引用子贡的话 2 次,引用宰我和有若的话各 1 次①。这些数字表明孟子对孔子的学术是十分心仪的。

孟子对孔子十分崇拜。他认为孔子集伯夷、伊尹、柳下惠等众位圣贤的长处,是"集大成"的、最伟大的圣人。他甚至说:"自有生民以来,未有若孔子也。"司马迁说他"退而与万章之徒,序《诗》《书》,述仲尼之意。"确实,孟子一直是以传承孔子学说为己任的。他坚称自己是孔子之学的传人,自称"乃所愿,则以学孔子"。他不仅以"私淑"孔子弟子自居,而且更自视为孔子思想的传人。下面这段话鲜明地表达了他的这种心愿:

> 由尧舜至于汤,五百有余岁,若汤则闻而知之。由汤至于文王,五百有余岁。若伊尹、莱朱,则见而知之,若文王则闻而知之。由文王至于孔子,五百有余岁。若太公望,散宜生,则见而知之,若孔子则闻而知之。由孔子而来,至于今,百有余岁。去圣人之世,若此其未远也,近圣人之居,若此其

---

① 张茂泽、郑熊:《孔孟学述》,三秦出版社,2003 年,第 207 页。

甚也。然而无有乎尔,则亦无有乎尔。(《孟子·尽心下》)

孟子接续孔子思绪,继续发扬了孔子所设定的尧舜以降的文化脉系,并以继承这种文脉为己任。孟子不仅与孔子立场一致,在文化心态上也是相同的。

其五是后世不断升温的孟子升格运动,使孟子荣获"亚圣"地位,渐渐靠近孔子,为孔、孟连称创造了适宜的社会舆论环境。前文说过,东汉赵岐首创孟子"亚圣"说,后世儒者又纷纷从不同角度论证孟子是孔子的继承者和当然代表,如唐代韩愈的"道统"论对孟子的推举尤为典型。韩愈认为,"自孔子殁,独孟轲氏之传得其宗。故求观圣人之道者,必自孟子始"。宋儒孙复也认为,孔子之后,孟子"夹辅我圣人之道者多矣",孟子在宣扬圣人之道上,居功至伟。宋儒程颐也认为,"孟轲死,圣人之学不传"。言下之意,孟子为孔子的传人。

从思想内涵上看,历史上的道统论为孔、孟连称奠定了基础。道统论意为从尧舜以来,古代文明有一生生不息的文化脉络,古人称之为"道统"。道统论在思想内容上,视孔子为儒家学说的开创者,是尧舜以来文明的总结者和光大者,而孟子则被定格为孔子的继承者和推进者,他们属于同一道统,同一学派,亦即同一价值谱系内的前后相继的大师。道统说包孕了孔孟之道,而孔孟之道,也就为孔孟儒学概念的提出,打下了学理上的基础。道统说使孔孟之道成为儒学的代名词,孔孟儒学又成为了儒家文化的当然代表。

除了学者,历代统治者也对孟子不断表彰,为孔孟儒学的出现提供了政治支持。宋理宗"朕惟孔子之道,自孟轲后不得其传"的诏书,俨然确认了孟子为孔子后第一人的历史地位。清康熙《孟子赞》中,也同样肯定了孟子传承孔子思想的历史意义:"哲人既萎,杨墨昌炽。子舆辟之,曰仁曰义。性善独阐,知言养气。道称尧舜,学屏功利。煌煌

孟庙中的石碑

七篇,并垂六艺。孔子攸传,禹功作配。"(《重纂三迁志》卷首)皇帝认可孟子的道统地位,不仅拉近了孟子与孔子的距离,而且还以权力的意志,强化了学者们所掀起的"贵孟"运动。众所周知,在中国古代的封建集权社会,权力往往成为真理和是非的标准,皇上说孟子传孔子之道,那么孟子也就是圣人的传人,就是圣人的化身。于是,孟子的"亚圣"地位便不可置疑和不可动摇了,"孔孟之道"或"孔孟儒学"的说法,也就更具合法性和权威性了。

四、仁者爱人

  孔、孟忧世忧民，特别具有人文情怀，后人称其学说为"仁学"。孔子甚至说："志士仁人，无求生以害仁，有杀身以成仁。"为了仁，连生命都可以放弃，足见孔子对仁的推崇。《论语》中"仁"字出现一百多次，《孟子》则反复申述"仁政"。孔子曾激烈地抨击过以土偶人陪葬的行为，因为它"像人而用之"，是断子绝孙的罪恶；孟子面对战国时期杀人如麻的战争，疾呼要对所谓战争功臣予以最严厉的惩罚，并四处宣扬不杀人者才能统治天下。孔、孟的思想都鲜明地表现出对人的生命的维护和颂扬，强调人的价值和人民幸福生活的权利。

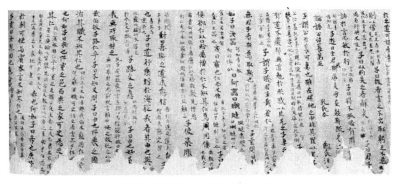

新疆吐鲁番出土　唐代《论语》写本

（一）孔子"仁者爱人"论

  "仁"字历史久远，孔子以前已经有"仁"字出现了。《尚书·金縢》中有"予仁若考"。《诗经》中也多见，如"洵美且仁"、"其人美且仁"等。《国语》中 24 次提到"仁"，而其意大多是爱人。《左传》中"仁"字出现的次数则更多,达33次。可见,在孔子的时代,"仁"就是一个经常被讨论到的重要概念了。上古文献中的"仁",有爱人之意,如"爱亲之谓仁"、"言仁必及人"等;又有道德之意,如"洵美且仁"中的"仁"就是讲的内在品质好。

1. 仁与大德

孔子好学多思,博览群书,晚年又悉心整理上古文献,故他对古代先哲的观点很了解,继承了他们的有关仁的见解和思想。如《左传》说"出门如宾,承事如祭"是仁的法则。《论语》则有"出门如见大宾,使民如承大祭"的为仁主张。《左传》认为"不背本"是仁,《国语》也说"爱亲之谓仁",孔子则宣扬孝悌为仁之本。《国语》说仁是"杀身以成志",孔子则申论"志士仁人无求生以害仁,有杀身以成仁。"《国语》说仁是"勇而有礼",孔子则由此发挥道:"仁者必有勇,勇者不必有仁。"当然,孔子对先人思想的接受也是有选择的。《国语》主张仁是"杀无道,而立有道。"对这种看法,孔子不以为然,他主张臣事君以忠,赞赏"仁不怨君"。

应该指出,在孔子的思想中,圣与仁都是很高的人格境界。孔子曾这样诚实地说过:"若圣与仁,则吾岂敢!"不过比较起来,圣比仁更为崇高。孔子说我虽然见过有仁德的君子,但圣人却从来没见过。弟子子贡问孔子,如果有人能"博施于民而能济众",是否能称得上"仁"?孔子说,这何止于仁呀,肯定是圣人了,因为连尧、舜都很难做到这一点的。孔子非常崇拜尧与舜,他认为惟有尧、舜能替天行道,也最能按天下公义行事,所取得的成就也最大。由此可以看出,对于能造福于人民的人,孔子是极为佩服的。

仁虽不如圣的层次高,但也是一个很高的境界,在孔子看来达到这一标准的人很少。在孔子对弟子的评价中,也颇能说明孔子认为"仁"不是轻易就能做到的。在诸多弟子中,孔子认为子路的军事才能

［元］赵孟頫《三圣图》 孔子（中）、颜回（右）、曾参（左）

不错,冉求的政治才能出色,公西赤的外交才能很好,但认为他们还未能实现"仁"。弟子中惟有甘居陋巷,过着箪食瓢饮生活的颜渊够得上"仁"。他既好学,又能甘于清贫,而且闻过则改,但不幸死得早,使孔子非常悲痛。

在对历史人物的品评中,更能清楚地显示出孔子对仁的高标准理解。楚国令尹子文,屡次罢官,但他毫无怨色,下台之前还把自己的行政经验告诉新令尹。他的举止已经很难得了,但孔子认为他虽算得上"忠",但还够不上"仁"。春秋时有名的贤人陈文子宁肯放弃富贵,也不愿住在弑君之国。孔子依然认为他算得上清高,但谈不上"仁"。那么在孔子心目中哪些人可称得上"仁"呢?

孔子以为,古代著名贤臣微子、箕子、比干为殷代的三位仁者。当时商纣王无道,大臣微子进言,不听,微子不得已忧忿地离去。箕子接着又谏,纣王还是不听,箕子被迫装疯,后被贬为奴隶。比干又接着屡次强谏纣王,竟被商纣王开胸挖心杀死。他们三人都是历史上有名的悲剧性的忠臣。孔子之所以称赞他为仁者,显然是看上他们为民请命的忠贞品质。非常廉洁和注重气节的伯夷与叔齐,也被孔子视为仁者。孔子对管仲违反周礼有所不满,但仍认为他是仁者,因为他不用武力而协助齐桓公九次号令天下诸侯,统一天下,并整合各诸侯国力量,成功抵御了蛮夷的进犯,保护了华夏文明。对管仲的这些历史贡献,孔子非常赞赏,说这都是管仲的功劳,甚至说:"微管仲,吾其被发左衽矣。"意思是说,如果没有管仲,我们都要变成落后的夷狄了,我们世代蒙受着管仲的好处。孔子还认为子产也是仁者,因为他有四种君子的品格:"其行己也恭,其事上也敬,其养民也惠,其使民也义。"大致说来,孔子所标举的"仁",一是有高尚的品德,二是有卓越的贡献。

实际上,孔子的"仁"就是道德的统称,包含所有的美德。如孔子说:"仁者必有勇,勇者不必有仁。"仁含蕴了勇,勇只是仁的一种表现。

近人谢无量研究后指出:孔子之仁包含诚、敬、恕、忠、孝、爱、知、勇、恭、信、敏、惠、慈、亲、善、温、良、俭、让、中、庸、恒、和、友、顺、礼、齐、庄、肃、弟、刚、毅、贞、谅、质、直、廉、洁、决、明、聪、清、谦、柔、愿、正、睿、义等等道德要素。

2. 仁的内涵

在孔子时代,仁是人们关心的一个重要问题。孔子在与弟子的对话中,经常讨论仁的意义。弟子子张问孔子什么是仁? 孔子说能实践恭、宽、信、敏、惠五种道德的,就是仁。为人恭敬,则不会遭到别人的侮辱;为人宽厚,则会得到大家的拥护;为人诚信,则会收获他人的信赖;为人机敏,则做事效率高;为人乐善好施,就会拥有很高的威望。显然,这里孔子强调的是仁的道德属性。弟子颜渊问孔子什么是仁? 孔子说:"克己复礼"就是仁。如果有一天果然做到了,那么天下人都会称赞你是仁人。颜渊进一步问:"具体什么是克己呢?"孔子从视、听、言、动四个方面作了回答,这就是:"非礼勿视,非礼勿听,非礼勿言,非礼勿动。"这里孔子则突出了仁的社会秩序意义,即严格遵守社会规范(礼),不违反公认的行为准则。孔子这样说,可能也有感于当时礼崩乐坏的政治形势,希望重建社会规范。另一次,弟子樊迟问什么是仁? 孔子说:先付出艰苦的努力,然后才收获的人,就是仁。弟子仲弓问孔子什么是仁? 孔子说:和人家交往,诚惶诚恐,为人虔敬;对待老百姓,庄重而严肃;自己不愿做的,不能要求他人做;平时不怨天尤人,在朝廷上没有怨恨,在家也没有怨恨。这里孔子特别表扬一种善解人意、宽厚胸怀的为仁。

孝悌是孔子所理解的仁的一项重要内涵。据《论语》记载,弟子宰予对三年之丧有意见,觉得太长了。孔子听说后甚为不满,骂宰予"不仁"! 说你是出生三年后,才离开父母之怀而蹒跚学步的,此前你难道没有受到父母的悉心呵护吗? 而且三年的丧期,也是天下的通例,你

孔子离世后，弟子们在其墓旁守丧三年，以示守礼和对老师的尊奉

怎么能说它太长了而要缩短呢！可见孔子以为孝是仁的重要内容。弟子有若发挥了孔子孝悌为仁的思想，强调孝悌是仁的根本。他认为如果为人孝悌，就会遵守礼法而不会犯上，不会犯上也就更不会造反作乱了。由此他肯定孝悌是君子行为的核心准则，只有确立了这一根本，才能继而建立天下的"大道"。这些话虽然是弟子所言，但它记录在《论语》中，实际上也反映了孔子的看法。

孔子还认为忠也是一种仁。孔子思想中的忠主要有道德与政治两层意思。前者是说在与人交往时的诚实不欺。孔子对此很重视，弟子曾参概述孔子的基本道德准则即"忠恕"。后者则主要是讲君臣之间的关系，强调作为大臣要尽心为国家服务，要服务和顺从国君，用孔子的话说即是"臣事君以忠"。殷代三位名臣——微子、箕子、比干就是忠臣的表率，因为他们的忠诚，所以孔子赞扬他们为"仁人"。

在孔子思想中，仁还包含以下这样一些内容。一是性情恬静。用孔子的话说即是"仁者静"。这里可能有不浮躁、不钻营、不虚夸的精神。二是性格刚毅。三是不夸夸其谈，即"木讷近仁"。孔子说花言巧语的人,很少是仁者。四是恕道也是仁。弟子曾参说孔子做人的根本准则就是忠恕。这概括是有道理的。一次子夏问孔子,是否有一句话可奉为终身座右铭? 孔子说这可能就是恕吧。所谓"恕",即"己所不欲,勿施于人",其积极表达则是"己欲立而立人,己欲达而达人",如果做到这一点,孔子认为就可称为"仁者"。五是有学问、有思想也是仁。"博学而笃志,切问而近思,仁在其中矣"。孔子认为仁与智慧是相辅相成的,"仁者安仁,知者利仁"。孔子还说"当仁不让于师",这里显然是鼓励追求真理。六是有巨大历史贡献也是仁。如对管仲,孔子对其九合诸侯、抵御夷狄很是感佩,连说"如其仁,如其仁",意即像管仲那样真是仁者啊!

孔子还讨论了如何才能做到仁以及仁的其他一些特征。孔子认为仁是一种实践中酿成的品格,并非天生的;求仁的关键是努力实行,用孔子的话说即"为仁由己,而由人乎哉!"。而且孔子深信,只要功夫到,一定会求仁得仁的,"仁远乎哉,我欲仁,斯仁至矣"。孔子还认为仁者没有忧虑,即"仁者不忧",而不仁的人是难以忍受贫困,也难以处于快乐中而不出问题的,而仁者有耐得住寂寞、抗得住贫困的优秀品格。孔子还指出,唯有仁者可以做到"能好人,能恶人"。其意是仁者为人忠诚,内心坦荡,无私无畏,所以不会出于一己的私利,或一己的好恶来看人,仁者具有无私坦诚的品格。孔子强调仁是君子的内在要求,离开了仁,也就无所谓君子了,只有任何时候都不违反仁的要求,才能成为君子。"君子无终食之间违仁,造次必于是,颠沛必于是",说的就是这个意思。

孔子还辨析了仁与礼的关系。如果说仁是人的内在品质的话,那么礼就是社会生活的外在规范。不过孔子所理解的礼,并非只是外在的形式,"礼云礼云,玉帛云乎哉?"而应有其内在的内容,亦即礼应反映和表达仁的内容。孔子说:"人而不仁,如礼何? 人而不仁,如乐何?"显然,仁是礼与乐的更为重要的内在规定性。孔子是很重视礼的,他认为人之所以为人,之所以能表现出文明性,都是礼的教化作用,没有礼,人们就无法敬祀天命鬼神,也无法辨别君臣、上下、长幼的区别,更无法建立男女、父子、兄弟之间的亲疏关系以及确立婚姻中的禁忌。所以孔子说,君子的一个突出标志就是以礼来约束自己,如果人人做到这一点,仁也就布满天下了,"克己复礼为仁。一日克己复礼,天下归仁焉"。在孔子看来,礼对实现仁也是有着重要的促进作用的。

3. 仁者爱人

仁的另一项影响广泛,也广为人知的含意就是爱人。弟子樊迟问孔子什么是仁,孔子答:仁就是"爱人"。对"爱人"之意蕴,学者见仁见智,有的认为这种爱有血缘上的亲疏远近之别,有政治上的贵贱之异;不过也有的学者认为孔子爱人是普遍之爱,是对人的价值的颂扬。我们以为,在有些具体场合孔子所言的爱人固然有宗法血缘和尊卑贵贱上的讲究,但就其思想的根本倾向来看,孔子所谓的"爱人"是没有特别针对性的,是要求对所有人的爱,即"泛爱众而亲仁"。弟子司马牛没有兄弟,看见人家都有,内心甚为苦闷。子夏安慰他说:四海之内,都是兄弟,你何必为没有兄弟而发愁呢。子夏的说法,应该也表露了孔子的博爱精神。孔子问人不问马的典故,则更为具体而生动地表现了孔子爱人的人道精神真谛。一次家里的马房失火了,孔子上朝回来,赶紧问有没有人受伤,而不是首先关注马的损失有多大。孔子问人不问马的故事非常著名,它生动显示了孔子的人文情怀。

下面这则故事也表现了孔子"仁者爱人"的人文精神。一次季康子就治理国家的问题请教孔子,他说:"如果我杀无道的坏人而亲近有道的好人,怎么样?"孔子说:"你治理国家,为什么要杀人呢?只要你努力向善,人民也会跟着学好的。君子就像风一样,小人就像草一样,风向哪边吹,草也就向哪边倒。"孔子反对杀人,甚至连"无道的人"也不同意杀,足见孔子对人的生命的重视与维护。也正是基于这一理念,孔子反对暴政,抨击暴政猛于虎,要求统治者实施"德政",其要义是保护劳动者的基本生存和生活的权利,因此他呼吁统治者"因民之所利而利之"。孔子之所以赞扬子产,也正因为他"其养民也惠",意即子产对人民很厚道,人民生活不错。

这样综合起来看,孔子"爱人"之"人",是指所有的人,用今天的语言来表述,即孔子"仁者爱人"是肯定了所有人的价值,它是超越的,是没有先在条件的,只要是人,都应该去爱。所以孔子说"恶不仁者,其为仁矣。"这可以说是孔子仁学的精华所在。

下面我们将看到,孟子进一步强调并拓展了这方面的内容。

(二)孟子"仁民爱物"说

孟子的时代,诸侯间战争愈演愈烈,人民生活困苦,人的生命惨遭涂炭,用孟子的话说,"民之憔悴于虐政,未有甚于此时也!"。因此孟子更为激切地宣扬仁学。

1. 仁也者,人也

孟子所理解的仁,含有厚道、亲切、温情、爱怜之意。如孟子说:"人能充无欲害人之心,而仁不可胜用也。"这句话就揭示了"无欲害人之心"与"仁"的密切关系。一次,梁惠王问孟子:"怎么做才能使我的国家更有利?"孟子说:"谈什么利呀,有了'仁义'足够了。过度崇尚利,那么大臣就会怀着谋利之心来事其君;作为儿子的,也会怀着谋利之心来事其父;作为弟弟的,也会怀着谋利之心来事其兄。这样君臣、父子、兄弟之间的关系就没有'仁义'可言,全是赤裸裸的以利相交了,千百年来发展起来的人伦美德就将毁于一旦。"孟子还指出,如果以利害来说服秦、楚罢兵议和,不如以仁义说服他们。孟子所谓"仁义"实际上包含着一种人道主义精神。

事实上孟子也认为仁就是人。他说"仁也者,人也"。因此在孟子那里,仁学实际上就是有关人的学问,是对人之为人的一种充满人文关切的解读。孟子"性善论"即意在论证人的伟大和优越。历史上孟子首倡"性善论",他认为人性的本质先验就是善的,人有着极为优越的禀性,因为人有着与生俱来的"四端"之心,这就是恻隐、羞恶、恭敬、是非之心。"人之有四端,犹其有四体也"。所谓恻隐之心就是仁,羞恶之心就是义,恭敬之心就是礼,是非之心就是智。此四端之心,孟子认为是人不用学习而先天就具备的品质,是一种"良能","人之所以不学而能者,良能也"。孟子强调,人的这种道德性和智慧性,是人的一种不加人为的自然本性。是人,就有这种"四端"之心,就有这种良知良能。孟子所反复论证的良知良能,重点不在先验的认识能力,而意在揭示人性本来就具有的道德认知和识别能力,用孟子的话说即"孩提之童无不知爱其亲者,及其长也,无不知敬其兄也。亲亲,仁也;敬长,义也,无他,达之天下也"。

孟子尤其关注的是恻隐之心。因为恻隐之心即是仁,即是爱,是对人的生命安危的关切。有时候孟子又称恻隐之心为"不忍人之心",即关注人的存在状况的爱心。孟子以为人都有不忍人之心,例证就是如果有人突然看见小孩马上要掉井里了,就会产生紧张和痛苦,并顿生抢救他的念头。人们之所以会这样,并非为了讨好这个小孩的父母,也并非是要在亲戚和朋友面前表现自己,更不是忍受不了小孩的哀叫声,而只是人的爱心使然。人性中本就有爱心,那么仁者爱人不就是自然而必然的吗?孟子"四端论"着意论证爱心的自然天成,实质上是在为仁学寻找合理的论据,是在证明孔子所提出的仁学的合理性。

不仅如此,孟子还从价值论的角度,证明人也值得去爱。孟子强调人有"四端之心"，因而凡为人都是同类，"故凡同类者，举相似也，何独至于人而疑之？圣人与我同类者。"这是说人虽有圣、凡之别，但在本质上，圣人与我都一样，是没有差别的。孟子的"同类"之说，肯定了人的价值。也因此，孟子特别强调人与物的不同类。当时另一位著名学者告子反对孟子的性善论，主张人性本无所谓善恶，就像水一样，哪边低它就往哪边流，而且他还认定人的生物性就是人性，用告子的话说即"生之谓性"。

孟子坚决反对告子对人性的定义。他反驳告子说，如果生之谓性，那么牛之性同于犬之性，同于人之性吗？孟子认为人性是有其卓越特别之处的，它根本不同于动物，所以孟子一再说"犬马之与我不同类也"。

虽然孟子认为人具有的只是"四端"之心，即人先天所具有的只是性善的萌芽，如果环境不利，再加之主观不努力向上的话，人性也有沉沦的危险。孟子有句名言"人之所以异于禽兽者几希"。所谓"几希"，即人与禽兽的区别是很小很小的，一不小心就会失去这种差异。但即使如此，孟子依然坚持人与禽兽是有根本区别的，"几希"的存在，也就确保了人的特异性和不同寻常的价值。《孟子》一书中多处论及"人－禽"之辨，如《离娄下》就有数处涉及。其间有一处孟子提出，通常是"仁者爱人，有礼者敬人。爱人者人恒爱之，敬人者人恒敬之"。但有些人却不是这样的，不知好歹，甚至恩将仇报，孟子认为其行为禽兽不如。孟子比喻说，如果有人对我蛮横不讲道理，有修养的"君子"就会自我反思：想必是我不仁，是我无礼，才招致别人嫉恨的。他自我反思后，变得富有爱心了，待人接物也彬彬有礼了。可是那个人对他还是蛮横无理，有修养的"君子"又会自我批评：肯定是我待人仍不够诚实。他自我反思后，待人更加诚恳了，但这个人还是对他态度蛮横不讲理，这时候人们就会指责这个耍横的人，说这人真是一个丧心病狂的人，他这样做与禽兽没有什么区别。在《滕文公下》篇中,孟子指责主张"为我论"的杨朱学说本质上是"无君"论,而宣扬兼爱的墨子学说实为"无父"论。孟子认为他们的学说,实是蔑视和否定人类的文明礼则,是欲使人去人文而近蒙昧,是反人类文明的,是自甘堕落于禽兽,"无父无君,是禽兽也。"

孟子的"人—禽"之辨的用意固然也有强化修身养性的必要性,用孟子的话说即"养心"。因为按孟子的见解,人如果吃饱了、穿暖了,无所事事,不知反思自己的行为,社会也不加以教化,那么人就有禽兽化的危险。孟子以为正是为防止人性的堕落,所以官为司徒的古代圣人契,创设了五种社会规范,即"五伦":君臣、父子、兄弟、夫妻、朋友。我们以为,孟子强调"人—禽"之辨另一层深意是,对人的价值的反思与颂扬。孟子以这种辩论说明:不论人与禽兽的差别是多么微小,但人就是人,禽兽就是禽兽,其间有绝不可混淆和泯灭的界线。孟子用心划出这一界线的意图,不是遮掩人的光辉,而是凸现人的伟大。

人是世界上最优秀的存在,那么合乎逻辑地自然会产生对生命的敬畏。孟子由对人的价值的肯定,进而认为人的生命是至上的,所以他说"仁也者,人也",并断然论定"杀一无罪,非仁也"。孟子是主张认同周礼的,史称"孟子道性善,言必称尧舜"。作为华夏文明进步重要成果的周礼,是严辨男女之别的,并强调这是人之为人、人不同于动物的一个重要标志。一次淳于髡与孟子讨论这一问题时,淳于髡问:是否男女之间应有隔离而不能授受不亲?孟子予以肯定。

在孟子眼里,人既是最有价值的,也是别具理性的伟大生物,这用孟子的话说就是人有"大体"。所谓"大体"就是人能思考,孟子说"心之官则思"。可是人不仅有"大体",人同时也有耳目之类的"小体",所谓"小体"即是感官和本能。孟子认为人如果听任"小体"的控制,其结果必然是沉湎于物欲而日益禽兽化,所以孟子强调人应发挥

"大体"的作用,让它来控制和支配"小体"。孟子固然承认人有食、色之欲(它们实是"小体"的表现),但人决不能让它们牵着鼻子走。人饿了要吃饭,但绝不能从兄弟手里抢饭吃;人虽有"好色"的本能冲动,但不能让这种本能支配自己,应该遵循社会的道德规范,即"由仁义行",不应不经父母之命、媒妁之言的礼义程序,而夜翻墙头,男女苟合,或以暴力来满足自己的性欲。

不过值得注意的是,尽管孟子如此重视理性监视下的男、女之别,但当淳于髡问:嫂嫂溺水,是否可以伸手救援?孟子的回答是断然肯定的:"嫂溺不援,是豺狼也。男女授受不亲,礼也;嫂溺援之以手者,权也。"男女之间肌体本应不相接触的,但嫂子掉到水里去了,出现了特别的情况,必须伸手拉她。这是一个特例,是临时的应变。孟子的这种"权变"思想,显示孟子并不"迂腐"。下面这段话也经常被引用,证明孟子并非死板。一次弟子万章对孟子说:"《诗》中的'娶妻如之何,必告父母',真是说得好。但像舜那样品德高尚的人,为什么不先请示父母就娶媳妇了呢?"孟子回答说:"是这样的,如果舜事先禀报父母,他就娶不成媳妇了。婚姻是人生大事,也关系到祖宗香火的传递,还涉及人自身繁衍的大问题;如果事先让父母知道了,那不就坏了大事吗,这反而会增加父母的罪过,所以舜不告而娶。"孟子为舜的辩护,也确实显示了孟子并非死守规则。权变见解是孟子思想里一个很重要的方面,不过,我们以为,诸如"嫂溺援之以手"的这类"权变",其含意就远远超出了权变本身,因为其间的深意是对人的生命的敬畏!你看,"礼"虽然是应严格遵守的社会规范,但在人的生命面前,再严格的规范都应退居次要地位。孟子这一抑一扬之间,不正显现了他的仁者爱人的情怀——对生命的尊崇与讴歌吗?

2. 仁政:视民如伤

正是怀着这种礼赞生命的信念,孟子疾呼人应有人的生活。孟子四处宣扬"仁政"的旨意也正在此。孟子从"人皆有不忍人之心"出发，鼓吹实行仁政并不难，只要扩充此"不忍人之心"于天下百姓，就能够建立起仁政。为此他曾尖锐批评梁惠王不行仁政，说不是不能，而是不想去做。孟子为此比喻说：一个人如果让他搬动泰山，那确实是做不到，客观上是不能；但如果说让一个人抬起几片羽毛，让他为老人折根树枝做拐杖，他竟说没有能力做到，这就是谎言，他并非"不能"，而是"不为"，即不愿意去做。孟子以此比喻说明"仁政"是不难做到的，关键是看诸侯们做不做。

前面提及过，孟子的"不忍人之心"是一种恻隐之心，实即是一种爱心，从此爱心流淌出的政治模式，逻辑上当然也是充满仁爱精神的。孟子认为商汤、周文王已开启了仁政的先河，其政治特征是"以德服人"，而不是"以力服人"；其道德特点是爱心，是"视民如伤"。孟子特别强调商汤、周文王都非常重视赡养老人，尤其是关心那些孤苦伶仃、无依无靠的可怜人，用孟子的话说即鳏寡孤独的"四穷民"。

受先圣的影响，孟子设想的仁政，要义是要让所有人，尤其是那些"穷民"过上体面而快乐的生活。在物质上他要求"制民恒产"，即以"井田制"的形式，给予人民一定数量的田地，还给人民一定面积的宅基地，让他们居有住处。孟子认为老人没有肉吃是吃不饱的，也只有穿绢帛才暖和，为此孟子要求统治者使人民有条件养家禽、种桑麻。孟子的"仁政"还要求统治者省刑罚、薄税敛，给人民创造宽松的生活环境，尽量减轻人民的负担。另一方面，孟子还强调"仁政"的道义性，其具体表现：一是不要让已满头白发的老人为了生计还要劳作，要让他们安享晚年；二是统治者要轻徭薄赋，善待人民，不能把人民看成牛马，要让他们有喘口气的机会，让他们有娱乐、休闲和学习的时间，用孟子的话说是"壮者以暇日修其孝悌忠信"。这最后一点是非常重要的，它表明孟子不仅看到了人的生物性，更体认到了人的精神性。人活着不仅只为吃饱穿暖,还应追求活得有意义,有想象的自由,有学习文化的自由,有弄懂人为何是人的权利。

孟子一方面呼吁"视民如伤"的仁政,另一方面则猛烈批判那些不顾人民死活的暴政。孟子曾这样怒斥道:"庖有肥肉,厩有肥马,民有饥色,野有饿莩,此率兽而食人也。兽相食,人且恶之。为民父母,行政不免于率兽而食人,恶在其为民父母也!"孟子还尖锐地抨击暴政的冷漠和残酷:"狗彘食人食而不知检,涂有饿莩而不知发。"人民死于冻饿,统治者还竟然说:这不怪我,是年成不好。孟子引述孔子反对以偶人陪葬,痛骂"始作俑者,其无后乎"的故事来说明,孔子连用人的形象都不允许,更何况虐待活生生的人,"为民父母"怎么能让人民"饥而死"!孟子坚决要求统治者"与民同乐",即统治者吃得好、穿得好、用得好、住得好,也要让人民过上幸福的生活,"劳力者"虽然与"劳心者"有贵贱等级之差,但他们也是人,同样有追求快乐和享受的权利。所以对于齐宣王设置王家花园,不准老百姓进入,而且"杀其麋鹿者如杀人之罪",将人的生命看得还不如其麋鹿,孟子怒斥他是"不仁者"!对那些不管人民死活,只顾自己享乐的暴君,孟子认为他们先违背了仁道原则,成为像商纣王一样的大坏蛋,人民杀死他们是完全合法的,"贼仁者谓之贼,贼义者谓之残,残贼之人谓之一夫。闻诛一夫纣矣,未闻弑君也。"

孟子反对暴政,也同样反对战争。孟子的时代兼并战争愈演愈烈,交战双方动员的兵力动辄数万,甚至几十万人。死伤的人数也非常巨大,长平一战,赵国被活埋的俘虏就达数十万。孟子说当时"争地以战,杀人盈野;争城以战,杀人盈城",是有所据的,并非臆想和夸张。孟子认为这种兼并战争,仅仅为了夺取城池和土地,不惜牺牲大量的人的生命。孟子痛心而愤怒地说:"此所谓率土地而食人肉,罪不容于死!"孟子还说,那些善于打仗的人,那些常胜将军,都应该处以"大

罪",即处以极刑。孟子认为那些崇尚暴力的国家和政权,草菅人命,
是不会得到人民的拥护而取得天下的,只有那些爱惜生命的人,"不嗜
杀人者",才能获得人民的支持而赢得天下,并最终能统一天下。

战国韩金银错铜镜上的勇士图　河南洛阳金村出土

如果说孔子在观念上深化并突出了早已有之的"仁"的概念,使
"仁"成为一个重要的哲学和道德命题,那么孟子则进而主要从人性论
和理想政治的角度,论证并深化了"仁",真正使其成为"仁学"。如果
说孔子树起了仁的人道大旗的话,那么孟子则使这面旗帜汇成了蔚为
大观的仁学大潮。要之,孔孟拉开了中国古代思想史上的仁学大幕,
"仁者爱人"的理念逐渐深入人心,庶几成为古代中国的自然法。暴君
虽然可以无视它,但其结果就像秦二世一样迅速地灭亡。只有遵循这
一自然法则,才能得到人民的认可,才能获得统治的道义性,也方可坐
稳江山,中国数千年的历史一再证明了这一点。

五、足食富民

孔孟"仁者爱人"思想,包含了对人的价值的敬畏,对人的生存的关切。鼓吹"仁政",重视民生,是孔孟儒学中的另一大要义。

(一) 孔子"百姓足"的富民主张

孔子主张"为政以德",其中一个重要方面就是要求统治者善待人民,轻徭薄赋,"节用而爱人"。

1. 节用爱人

所谓"节用",即是要求统治阶级注意节俭,以此减轻人民的负担。孔子对奢侈很反感,而大力倡导俭朴。"子曰:奢则不孙,俭则固。与其不孙也,宁固。"文中"宁固"一语,就鲜明地表明了孔子取俭弃奢的态度。无独有偶,一次孔子在回答弟子林放问礼之本时,再次申明了这一立场,"子曰:大哉问! 礼,与其奢也,宁俭。"所谓"宁俭",无疑即是对奢侈的唾弃。

本着这种"宁固"、"宁俭"的态度,孔子劝告统治者要"欲而不贪",要像大禹一样"菲饮食"、"恶衣服"、"卑宫室",过一种节俭的生活。对卫国公子荆的朴素生活作风和态度,孔子就赞赏有加。对于当时越礼犯分,追求过度享乐的风气,孔子提出了尖锐的批评。如对鲁国季氏僭用天子之乐的行为,孔子怒斥为"是可忍,孰不可忍也!"再如对于管仲,孔子虽然认为他帮助齐桓公九合诸侯,一匡天下,在维护和发展华夏文明上大有功劳,但对管仲生活的奢侈,仍大为不满,"子曰:管仲之器小哉。或曰:管仲俭乎? 曰:管氏有三归,官事不摄,焉得俭?"文中"三归",史有多解。有认为是一娶三女,有认为是三处家庭,有认为是藏钱币的府库,有认为是租税之名。不论何解,都可显示管仲生活的富足,甚至奢华。另外,像"树塞门"和"反坫"等,都是诸侯才享用的设施,而作为大夫的管仲竟然也使用,因此孔子斥他"不知礼","管氏而知礼,孰不知礼?"孔子这里实际上也是在批评管仲生活上的超标准,说他既违礼,又失俭朴。

在古代等级社会,统治阶级垄断权力与资源,奢侈挥霍可以说是常态;与此相对的是,老百姓则常有不足之叹。因此,孔子反奢倡俭,意在损有余而补不足,意在社会公平和社会资源的共享。

2. 百姓足

孔子认为施政的关键是让人民"足食"和富裕。有一次弟子子贡问如何治理国家,孔子回答说:"足食,足兵,民信之矣。"文中的"足食"是就人民而言,意即国家治理好坏,关键是要让人民吃饱穿暖;而"足兵"显然是就国家安全而言的,要求准备充足的兵力。值得注意的是,孔子将"足食"置于"足兵"之前,也足见孔子对民生问题的重视。还有一次,孔子到卫国,弟子冉有驾车,沿途见到人烟稠密,孔子感慨道:"人真多呀!"冉有接着问道:"人口兴旺起来了,那么下面应该做什么呢?"孔子回应说:"那就想方设法让人民富裕起来。"冉有又问道:"如果人民富起来了,接下来又应该做什么呢?"孔子说:"那就该重视对人民的教育了。"可见,在孔子心目中,理想的国家应是人民生活幸福,民生问题得到很好解决的国家。

孔子的弟子有若发挥了孔子这一思想,他主张只有人民"足食"了,统治者也才能够跟着吃得饱。有一年鲁国发生饥荒,鲁哀公问有若,说国家闹饥荒,经济紧张,用度不足,怎么办呢?有若建议说,那么实现国家提取百分之十的什一税,怎么样?鲁哀公一听就有点不满,他说,我现在实行百分之二十的税率,国家财力还是紧张,如果用什一税,那我喝西北风啊。有若见哀公尽想点子盘剥人民,于是严肃地警告他说:

山东曲阜孔林中的孔子墓

"百姓足,君孰与不足？百姓不足,君孰与足？"言下之意很明显,"君"要过得好,首先得要让人民过得好,民生问题实为统治者自己的生计问题。

为此,孔子主张统治者应为民谋利,用他的话说即"因民之所利而利之"。那么如何来"利民"呢？孔子大致有这样一些想法:首先是敬惜民力,用孔子的话说,即"使民以时"。"子曰:'道千乘之国:敬事而信,节用而爱人,使民以时。'"所谓"使民有时",这里既有体恤民力的意思,又有适时而用的涵义,即"择可劳而劳之",不能随心所欲地想怎么用就怎么用。其次是要向古代圣王学习，自奉甚俭，如像大禹那样，"菲饮食而致孝乎鬼神，恶衣服而致美乎黻冕，卑宫室而尽力乎沟洫"（《左传·哀公十一年》）。要向周公那样厚爱人民，轻徭薄赋，施恩要厚，用民力应平，租税要轻。

3. 均富

孔子极为重视社会财富的共享，而最能表现其共享观的，是他提出的两个重要论断：其一是"周急不继富"；其二是"不患寡而患不均"。所谓"周急不继富"，本意是说救济应分轻重缓急，但其间却深含了社会财富的均衡分配与生存资源的共享主张。有一次，弟子公西赤出使齐国，冉有担心公西赤的母亲在家饿着，就向孔子要一些粮食给她，后来给了十六斛。孔子认为这就够了，因为公西赤出行"乘肥马，衣轻裘"，是较为富有的。孔子认为"君子周急不继富"，即救助应是雪中送炭而不是锦上添花，应将社会资源分配给那些最需要的人。这里孔子实即主张要关注困难的人群，使他们能分享生活的快乐与幸福。弟子原思曾为孔子管家，孔子"与之粟九百"，他不要。孔子说，不要拒绝，你可以拿回去"与尔邻里乡党"，即要他周济周围的穷乡亲。孔子"与尔邻里乡党"之嘱，再次生动体现了孔子"周急"的扶危济困的仁爱精神以及共享生活的公平追求。孔子这一思想深深影响了他的学生，如子路就说他的理想，将来要做一个能与他人分享生活的人："愿车马、衣裘，与朋友共，敝之而无憾。"

而充满共享色彩的"不患寡而患不均"说，则是孔子提出的治国安邦的重要理念。"子曰：丘也闻有国有家者，不患寡而患不均，不患贫而患不安。盖均无贫，和无寡，安无倾。"（《论语·季氏》）朱熹注解说："寡，谓民少。贫，谓财乏。均，谓各得其分。安，谓上下相安。"显然，孔子所说的"不患寡而患不均"，是说治理国家不怕财富少，就怕财富占有不公而导致贫富两极分化严重。我们固然不能就此认定孔子是在主张平均主义,要求统治者和普通百姓都过一样的生活,但显然孔子是忧虑,甚至担心"不均"的。他所希望的是"均无贫",即更为公平和均衡的分配社会财富,而不是少数人独占和独享。

朱熹《四书集注·论语》书影

正是怀着这种"均无贫"的理想,孔子猛烈抨击统治者的贪婪。如对帮助季氏大肆聚敛财富的弟子冉求,孔子就愤怒地号召其他学生,要大张旗鼓地声讨他:"季氏富于周公,而求也为之聚敛而附益之。子曰:非吾徒也。小子鸣鼓而攻之,可也。"孔子之所以如此痛恨"季氏富于周公",正因为他"刻剥其民",大量聚敛财富,而使百姓失去了起码的生活资源而陷于贫困。孔子这里不是"仇富",实是"患不均"。正是怀着对"均"的憧憬,孔子非常向往和景仰"博施于民"。

不难看出,"不患寡而患不均",主要是针对统治者而言的,是在警醒、敦促他们不能独占资源,独享生活,而其根本目的则是实现"百姓足"。很显然,孔子"患不均"的思想,不仅展现出其生活观中的共享价值取向,更流露出孔子对"百姓"的强烈关注,即对贫困的弱势群体的关注，而这与他"周急不继富"的公平思想，又是完全一致的。

(二) 孟子"制民恒产"的民生思想

战国时期由于战事不断，人民憔悴、流离，民生问题十分突出，故相较于孔子，孟子对有关民生的讨论既多，观点亦更为激切和尖锐。

1. 痛斥统治者"率兽食人"

战国之为战国，连年不断的战争是这一时代的主要特征。战争不仅夺去了很多人的性命，更使广大人民挣扎于水深火热之中。其表征，一是战争强夺民时，"使不得耕耨以养其父母"；二是战争的费用加重了人民的负担。孟子揭露各国"有布缕之征，粟米之征，力役之征"。而此"三征之下"，人民"仰不足以事父母，俯不足畜妻子，乐岁终身苦，凶年不免于死亡"，甚至出现野有"饿莩"，人民转死"沟壑"的惨状。

更令孟子不能容忍的是，人民如此困苦，统治者却无动于衷，依然耽于"台池鸟兽"，沉浸于"流、连、荒、亡"，自甘"肥甘、轻暖、采色"的"独乐"。面对此一边是"庖有肥肉，厩有肥马"，一边是"民有饥色，野有饿莩"，孟子已是气愤不已，而统治者"狗彘食人食而不检，涂有饿莩而不知发"的冷漠，更令孟子怒不可遏，他痛斥之为"率兽食人"，行为近乎禽兽，根本不配来治理国家，"为民父母，行政不免于率兽而食人，恶在其为民父也！"

孟子之所以对"民之憔悴"深为同情，当然是出于其仁爱理念和仁政理想。孟子继承、发展了孔子仁学思想，他以"性善论"突出了人的杰出性和人在宇宙间的地位与价值，由此他主张人应受到善待，人应享有人所应有的生活，所以孟子不能容忍人民的饥寒困苦，"如之何使斯民饥而死也"！所以孟子也特别愤怒于"狗彘食人食"，因为这亵渎了人的尊严，遮蔽了人的价值与意义。正是为了维护人的体面存在和生活，孟子大力宣扬"仁政"，要求统治阶级解决好民生问题。为此，孟子提出了一些很有名的主张。

2."制民恒产"

孟子认为,在治理国家的时候,"民事"是头等大事。他认为"民事不可缓也"。文中的"民事",含意较为丰富,最主要的还是人民的衣食住行。而"民事不可缓"的说法则表明,孟子是将民生问题放在优先位置来考虑的。那么如何"不可缓"呢? 孟子提出了"制民恒产"的建议。这是孟子提出的保障人民生活,使其衣食无忧,乐岁终身饱,灾年免于死亡的重要措施。

孟子认为,使人民安居乐业,这是理想政治,亦即仁政的基本要求。"使民养生丧死无憾也。养生丧死无憾,王道之始也。"而为了实现人民"养生丧死无憾",则必须有一定的物质资产作为基础,也就是说必须分配给人民一定的土地,使其有稳定的生活来源。所以孟子提出:"夫仁政,必自经界始。"所谓"正经界",借用今天的话来说,就是明晰产权,而其实质就是保证人民拥有一定数量的土地,孟子称之为"恒产"。

为强调这种"恒产"的重要性,孟子又从道德意识("恒心")产生的角度分析,说如果没有"恒产",也就不会有"恒心"。他说:"无恒产而有恒心者,惟士为能。若民,则无恒产,亦无恒心。苟无恒心,放辟、邪侈,无不为己。"(《孟子·梁惠王上》)具体说来"恒产"即是指"五亩宅、百亩田"之类的物质财产,而"恒心",即指良心、良知。孟子的说法虽然有些厚士薄民之嫌,但其核心显然是在申论"恒心"取决于"恒产",即人的物质生活决定人的道德意识,没有"恒产"这一物质基础,也就没有道德可言,甚至还有滑向非道德的危险。这是从否定的角度来说的,从肯定的意义上,孟子强调,如果具备了相应的物质条件("恒产"),就会产生并培养出良好道德品质,这用孟子的话说即是"民之为道也,有恒产者有恒心"。

在道德上,"恒产—恒心"说表达的是存在决定道德意识,它显示出孟子不是从观念到观念的来理解道德,而是从物质,亦即从现实生活的角度来理解道德;而从社会意义上来理解,此"恒产—恒心"说,实是从生产和生活资料的物质层面上来保证人民的生活。"恒心"决定于"恒产",则为其疾呼"明君制民之产",要求统治者大力改善人民的物质生活条件,提供了一种有力的理论支撑。

关于"恒产",孟子有较为详细的论述:每户都有百亩之田、五亩之宅,又家家栽种桑树,并养鸡、豚、狗、彘之畜,当政者再"省刑罚,薄税敛",使"五十者可以衣帛,七十者可以食肉"。孟子认为具备了这样的物质条件,人民就有可能向善进德了,即"壮者以暇日修其孝悌忠信",道德培养也因此具有了现实的可行性。孟子说:"是故明君制民之产,必使仰足以事父母,俯足以畜妻子,乐岁终身饱,凶年免于死亡。然后驱而之善,故民之从之也轻。"(《孟子·梁惠王上》)不仅如此,孟子还强调,人民的道德状况与其生活水平是成正比的,他认为如果老百姓家里的粮食像水火一样多,人民就会乐于践仁行义。"孟子曰:易其田畴,薄其税敛,民可使富也。食之以时,用之以礼,财不可胜用也。民非水火不生活,昏暮叩人之门户,求水火,无弗与者,至足矣。圣人治天下,使有菽粟如水火。菽粟如水火,而民焉有不仁者乎?"(《孟子·尽心上》)这里孟子明显透露了这样的意思:道德不是空谈得来的,而是源自非常实际的生活富足,即"菽粟"出"仁者",只有解决了民生,然后才能谈得上改善民德。

因此,孟子强调,当人民连衣食问题都没解决好时,就难以顾及道德,此时更不应提出过高的道德要求,否则就是害民,用孟子的话说就是"罔民"。而在孟子看来,仁者在位,是绝不应该这样的。换个角度来看,实际上孟子是在提醒"治人者",如果人民的基本物质生活都不能保证,那么国家也是难以治理的,其统治的合法性也是有问题的。

可见,在孟子看来,保证人民生活在国家政治中具有首要和决定性的意义。

孟子强调"恒产"决定"恒心",当然有其推行仁政的政治考虑,不过他的这一思路也同时表现出一种鲜明的生活本位的伦理观。他强调的不是道德的优先,而是生活的决定意义,不是从道德的应当来谈论道德,而是从生活的角度来观察和评说道德。这里孟子大大凸显了世俗生活的道德意义,突出了民生的重要性,这也为后世"人伦日用即是天理"的思想开了先河。

3. 务实的经济主张

战国时期,百家争鸣,尤其在如何治理国家问题上,更是众说纷纭。孟子认为其间一些看法是有害于国家的治理,是不利于生产和人民生活的。孟子在与诸家辩论中,又提出了诸多事关国计民生的经济主张。

其一是反对"君民并耕"论,肯定社会合理分工。当时有位叫许行的智者,有感于社会贫富的分化、统治与被统治的两极对立,倡导"君民并耕,饔飧而治"的主张。历史上将他的思想归属于"神农学派",影响甚大。他从楚国来到滕国,就引得原本儒家的一些学者如陈相等,纷纷投奔到他的门下。

孟子反对许行的"并耕"说,认为社会分工是必然的。他设问道:许子自己种粮食吃吗?自己织布缝衣吗?自己织帽子吗?自己打铁器吗?而答案都不是,均是与他人交换而来的。孟子由此进而反问:"(许子)何为纷纷然与百工交易?何许子之不惮烦?"孟子固然也意在说明统治("治人者")与被统治("治于人者")的阶级分化的合理性,"劳心者"不可能也去干"劳力者"的事,就像"禹八年于外,三过其门而不入,虽欲耕,得乎!"但孟子对许行"并耕"说的批判,客观上也强调了术业有专攻的分工是社会生活的必需,即"百工之事,固不可耕且为也"。虽然许行的"并耕"说含有对社会剥削和压迫的不满,颇富民主与平等思想,但显然有背于社会发展所呈现的分工合作的历史大趋势。战国时代挥汗成雨、联袂成荫的大都市的出现;熙熙攘攘,利往利来的市场繁荣,都说明生产的分工和商品的交换已成为生活的必需,取消分工不仅是开历史倒车,而且在实际生活中也是根本行不通的。由此也可见,孟子主张分工,为分工的合理性辩护,显然是着眼于现实的,而许行鼓吹"并耕",严重脱离社会实际,真正是迂远不切实际。

其二是反对"一价"论,强调遵循市场规律。许行不仅主张"君民并耕",而且还主张商品"一价"论,即所有同类商品,均实行一个价格,"五谷多寡同,则价相若,屦大小同,则价相若。"这样"市价不贰,国中无伪",就会做到童叟无欺。孟子认为许行的这一见解既有违于客观事物的多样性,也不符合市场规律。世界上的万物本就是"不齐"而千差万别的,你现在强行整齐划一,无异于人为地制造混乱;而且如果大小不同的鞋子都卖一个价格,那么谁又会做费功又费料的大鞋子呢?如果遵循许子的理论,人们就会相互欺骗,又怎么能治理国家呢!许行的"一价"论,听上去固然很美,但也如其"君民并耕"论一样,在实践中是难以做得到的。孟子这番入情入理的批评,生动显示出他务实的态度。

其三是主张切实可行的税率。在国家的税赋问题上,孟子也体现出实事求是的唯实立场。善于理财的白圭,想施行二十取一的税率,他请教孟子这行不行?虽然孟子主张仁政,倡导轻徭薄赋,但他认为二十取一的低税率,在"中国"是不能实行的,只有在北方夷狄之国才可以。因为夷狄之国文明水平低,国家费用少,而在文明繁盛,开销巨大的"中国",如果行此低税率,则必将使国家入不敷出,是万万实行不了的。其道理就如有一万户人口的国家,只让一个人制作陶器,那么又怎么能满足需要呢？孟子这里再一次表现出从客观可行性着眼的现实主义立场。

从以上可见，孟子看问题不仅是从理论逻辑出发，更侧重从社会现实角度着眼。在孟子那里，实用的才是好的，能解决实际问题的才是值得欢迎的，其思想倾向显然是求真务实的，而不是尚名务虚的。之所以如此，因为孟子心目中，"民事不可缓"，惟有务实而有效的经济政策，方可解决好民生问题。

4. 关怀"四穷民"

孟子有关民生思想中，还有一项尤富温情的主张，那就是呼吁善养"四穷民"，即那些失去自养能力的弱势群体。

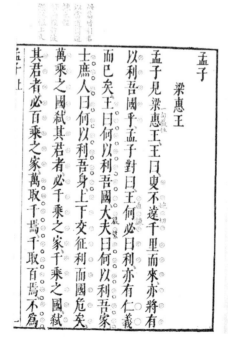

［明］万历年间《孟子》印本

那么，哪些人是孟子所谓的"四穷民"呢？"老而无妻曰鳏，老而无夫曰寡，老而无子曰独，幼而无父曰孤。此四者，天下之穷民而无告者。"（《孟子·梁惠王下》）"四穷民"是指：老年丧妻的鳏夫、老年而失去丈夫的寡妇、老年而没有子女的独居老人、年幼而失去父亲的孤儿。众所周知，古代社会生产力水平低，农耕主要依靠畜力和人力，所以有"力田"之说。老年人和幼儿体衰力弱，不能"力田"，难以独自获得生活资源，其生存就面临着大问题了。再加之古代社会保障的缺乏，养老就是个挑战，老人的生存就极易陷入困境。而且鳏寡孤独的"四穷民"，人生经历都非常特殊，遭受过痛苦的人生磨难，这也使得他们的处境更难，是古代社会一群很可怜的人，于是他们的生存问题也就引起了孟子的极大关注。

为突出奉养"四穷民"的至当性与至善性，孟子反复引证，说远古的圣人无不是善养"穷民"的，其间尤以周文王最为典范。在孟子的描述中，文王就是以养"四穷民"作为其施政的出发点的。当年周文王治理岐地时，"发政施仁，必先斯四者"，不仅国中"无冻馁之老者"，而且还让老者衣帛食肉，因此孟子称赞文王是"善养老者"。

远古圣人善待"穷民"，以此为楷模，孟子在其仁政思想中，也特别着意于对他们的关切。如孟子对暴政的抨击中，其一大内容就是针对暴政使"老弱转死于沟壑"，换句话说，就是暴政不能善待"四穷民"。显然，孟子是以能否善待"四穷民"，作为考量一国政治是否符合仁政的关键因素。再如前述所谓"恒产"设计中，"百亩之田"和"五亩宅"以及养鸡养猪等养家禽的规划，其要义在于使"五十者衣帛"、"七十者食肉"；然后还要"谨庠序之教"，宣传孝悌道德，使敬老之观念深入人心，不仅老有所养，而且社会普植敬老之风，实现"颁白者不负载于道路"，也就是老年人不再干负重挑担之类的重体力活，而真正安享晚年。由此可见孟子对"四穷民"的关爱，显示出其民生思想中浓郁的仁爱情怀。

孟子发扬其仁政理念,更为突出地强调善待"四穷民",这对后世产生了深远的影响。历史上一些有作为的帝王,都很重视养老。如西汉文帝曾多次下诏"养老"。汉元帝建昭四年(公元前35年)是个大灾年,天下饥荒。元帝派遣21位官员循行天下,"存问耆老、鳏寡孤独"。唐太宗贞观元年、七年、八年、十二年、十三年均有灾,朝廷"遣使赈恤"。朱元璋即位之初,即诏令天下广设"孤老院"(后改称"养济院")。在诏书中他不无感慨地说:"昔吾在民间,目击其苦,鳏寡孤独,饥寒困踣之徒,常自厌生,……心常恻然。"因此他要求地方官对"鳏寡孤独、废疾不能自养者,官为存恤"。清顺治五年也诏令"各处设养济院,收养鳏寡孤独及残疾无告之人"。仅这些例子说明,孟子民生思想中的善养"四穷民"的仁爱主张,对后世是产生了积极作用的。

5. 与民同乐

为了实现人民生活的改善,使民生的提升有所保障,孟子还向统治者提出了严肃的政治要求,这就是"与民同乐"。

《孟子》一书的开篇《梁惠王》,就鲜明揭示了孟子这一主张。孟子见到梁惠王,谈及国家治理问题,就设问:"是一个人独享快乐愉快呢,还是与他人分享快乐愉快呢?"梁惠王说:"那当然与人分享快乐更为愉快。"孟子又问:"是与少数人分享快乐愉快呢,还是与多数人分享快乐愉快呢?"梁惠王说:"那当然是与多数人分享快乐愉快。"见梁惠王有这样的态度,孟子于是进而批评他说:"你虽然主张与众人分享快乐,但实际上你是'独乐'的。为什么这样说呢? 因为你在王宫中一奏鼓乐,老百姓就愁眉苦脸,相互叹息地说:'我们的国王整天歌舞升平,却为什么使我们穷苦至此? 害得我们父子不相见,兄弟妻子离散。'老百姓一听到国王外出打猎的车马之声,也就愁眉苦脸,相互叹息地说:'我们的国王整天打猎寻开心,却何以使我们过着这种水深火热、饥寒交迫的日子?'"

孟子劝梁惠王施仁政图（周奕婷作）

　　为了动员梁惠王与民同乐,孟子劝说道,古代圣王都是与人民有
福同享的,如周文王就与民同乐,其游乐的园子方圆七十里,比梁惠王
方圆四十里的园子大多了,但人民并不感觉到大,反而以为其小,因为
文王和人民共享这个园子,砍柴的可以进来,打野兔的也可以进来。
正因为文王坚持与人民分享,故他起亭台、修园池,人民都很高兴,称
之为灵台、灵沼。与此相反,您梁惠王的园囿,严禁人民出入,其间的
物产更不许人民享用,不仅如此,反而还规定,"杀其麋鹿者如杀人之
罪"。这样一来,您梁惠王的园囿成了人民的祸害,人民当然反感,甚
至痛恨。因而,孟子奉劝梁惠王说:"王如好货,与百姓同之,于王何
有? 王如好色,与百姓同之,于王何有? 今王与百姓同乐,则王矣。"孟
子反复强调与百姓同乐有诸多好处,显然意在突出人民有分享资源以
及享受生活的权利。换句话说,孟子的"同乐"论,实是变调的"民
生"论。

　　为敦促梁惠王之类的"治人者"力行"与民偕乐",孟子还分析了与

民同乐的必要性与可能性。

就必要性而言,孟子指出,统治者作为人民的"父母",理应照看好人民,使其过上丰衣足食的幸福生活。故"为民父母"要像圣人伊尹那样,"思天下之民匹夫匹妇有不被尧舜之泽者,若己推而内之沟中,其自任以天下之重如此。"为说明这一点,孟子曾对齐宣王说过这样一则故事:齐国有一位人士,他南游楚国之前,将其妻儿托给他的朋友照看。可等他回来一看,妻儿饥寒交迫。孟子问齐宣王:您看这位朋友做得怎样? 齐宣王很生气地说:受人之托而食言,这哪能算得上朋友,不要和他做朋友了。孟子问齐宣王:如果官员不能办事,那又怎么办呢? 齐宣王说,那就撤他的职。孟子紧接着又追问:如果一国之君,不能有效地治理国家,而让人民挨饿受冻,那又怎么办呢? 齐宣王无言以对,以致"王顾左右而言他"了。孟子讲这个故事的旨意很明显,即作为一国国君,有义务管理好国家,使人民安居乐业,过上幸福安宁的生活,否则的话,就是不称职的,就应该被罢免。在孟子看来,民生问题解决得如何,是判定一国政治,尤其是其统治是否合法与正当的最终标准。

从《孟子》一书中看,孟子不仅通过讲故事启发国君,而且还正面警告诸侯,如果"治人者"不管人民的冷暖而只顾自己享乐,那就是不齿于人类的"禽兽";如果国君家里"庖有肥肉,厩有肥马",而"民有饥色,野有饿莩",那这个国家的统治者就不配"为民父母",孟子甚至斥之为"率兽而食人"的禽兽!

孟子认为,统治者政权的获得不是天意,不是神赐,而是人民的给予与同意,只有"与民同乐",才能获得人民的支持与拥护。所以孟子一再宣扬,得民心者得天下,失民心者失天下,而要赢得民心则应遵循:"所欲与之聚之,所恶勿施尔。"所谓"所欲与之聚之,所恶勿施"等,都是强调体察与尊重民意,关注人民的利益与关切,实际上是在呼吁统治者重视民生问题,如此方可赢得"民心",方可培牢统治的基础。

就可能性而言,孟子认为统治者"与民同乐"也是完全可以做到的。为什么这样说呢?孟子认为人性是善的,人人都有"四端之心";而将此"四端之心"予以发扬,就会形成爱民如子的"仁政"。故孟子提醒统治者,行仁政并不难,它并非是"挟泰山以超北海",而是易行如"为长者折枝",即如为老人做个拐杖一样,这有什么难的呢?只要你用心与努力,是一定能够做到的。因此,孟子坚信,国君与民同乐,是完全能做得到的,关键是看其"为与不为"。由此孟子提醒统治者,"王无罪岁",不要把人民的困苦,都推给自然灾害,而要发挥"恻隐之心",要承担起自己应担当的责任,努力实行"仁政"。"王无罪岁,斯天下之民至焉!"孟子强调,统治者积极主动地去改善人民的生活,自觉地"与民偕乐",就会得到人民的拥护。

六、言而有信

宋代大思想家王安石认为,春秋战国之际,风俗浇漓,"天下之俗,谲诈大作,质朴并散",诚信问题日益突出,成为当时仁人志士关注的一大问题。孔孟对此也非常关切,常加讨论,并留下了不少颇有特色和深远意义的看法。

(一)孔子"无信不立"的诚信观

孔子对当时浮夸和虚伪的风气很不满,说"吾未见刚者",意即耿直坦诚的人太少了。孔子还不无伤感地说:如今这个时代,如果没有卫国大夫祝鮀那样巧舌如簧的口才,没有宋国公子朝那样的美貌,是难以过得顺心的。

1. 孔子推重诚信

对"好谀"之风,孔子虽然很难过,但并不绝望;相反,为扭转这种虚伪的风气,他大力宣扬诚信。《论语》先后三十八次谈到"信"字,涉及与诚信相关的次数就更多了。"信"是孔子四项基本教育内容之一,"子以四教:文、行、忠、信"。孔子也希望其弟子在诚信方面表现优异,"子曰:弟子入则孝,出则悌,谨而信,泛爱众,而亲仁。行有余力,则以学文。"(《论语·学而》)显然,孔子不仅要求其弟子在孝、悌方面做得好,在诚信方面也要同样出色,故有"谨而信"之说。

孔子倡导待人接物要诚信。子张问孔子应该怎样处事,"子曰:言忠信,行笃敬,虽蛮貊之邦行矣;言不忠信,行不笃敬,虽州里行乎哉。"意思是说,要说老实话,办老实事。这样做,即使到文明落后的不开化地区,也是行得通的。可见在孔子看来诚信是人生离不了的行动指南和定规。

2. 孔子诚信的要义

孔子及其弟子所论的诚信,大概有这样几层意思:

其一是"言而有信",即说话算数。孔子弟子子夏说过"与朋友交,言而有信"。这虽然不是孔子亲口说的,但它也反映了孔子的思想。因为孔子在夸赞子路"片言可以折狱"时,强调了"子路无宿诺"的优异品质。所谓"无宿诺",即说过的话一定让它兑现,决不食言。显然,这依然是说话算数的意思。

其二是"可复"。孔子弟子有子谈及诚信时,曾说过这样一句话:"信近于义,言可复也。"说诚信近乎"义",这是强调诚信的道德内涵;而所谓"言可复",即践行所说的话。

其三是"有恒"。孔子曾颇有感慨地说:"善人,吾不得而见之矣;得见有恒者,斯可矣。亡而为有,约而为泰,难乎有恒矣。"(《论语·述而》)文中"善人"大概是好人的意思,当时世风日下,"好德者"是越来越少了;如果能碰上一个持重厚道,做事有始有终,从不虎头蛇尾,不忘记承诺的人就已不错了。所谓"有恒",有稳固、不变和持续的意思。孔子在谈论"成人"时,就曾认可"久要不忘平生之言"是成人的标准之一。这里的"久要不忘",实即"有恒",而不是朝三暮四。

其四是坦诚(忠诚)。孔子很反感虚伪和掩饰,而喜欢襟怀坦荡。"子曰:君子坦荡荡,小人长戚戚。"坦荡的胸怀,被称赞为"君子",显然在孔子看来,它属于一种优异品质。这一思想对其弟子也深有影响,如曾子就如此强调过:"吾日三省吾身,为人谋而不忠乎,与朋友交而不信乎,传不习乎。"(《论语·学而》)文中"谋而忠",实即反对奸诈,而主张诚实。所以当子贡问为友之道时,子曰:"忠告而善道之。"孔子所倡导的"忠告",其意与"谋而忠"一个意思,都是强调为人处事的忠厚老实。孔子认为惟有如此,方可问心无愧,"内省不疚,夫何忧何惧?"

这实也是诚实做人的坦然心境。

3. 孔子诚信的思想内涵

孔子诚信思想的内涵很丰富,概要说来,以下五点比较突出:

① 做人要诚实。这是孔子非常在意的一个方面。前面引述过,孔子认为"言忠信",既可通行于"州里",即文明、熟悉的地方,也可通行于"蛮貊之邦",即落后、陌生的地方。孔子显然认为,老实做人是"放之四海而皆准"的做人道理。

可能自己是以治学为业,以传道为职的知识分子,孔子特别强调做学问上的诚实,"知之为知之,不知为不知,是知也。"孔子反对文过饰非,他认为君子的错误就像天上的太阳和月亮一样,人人都看得见,一点也不能掩饰,所以也不要为自己辩解。孔子还认为,仅仅承认错误还是不够的,还要勇于改正错误。"子曰:君子不重则不威,学则不固! 主忠信,无友不如己者,过则勿惮改。"改正错误是承认错误的逻辑延伸,也是诚实做人的实践表现。孔子呼吁不要怕改正错误,正是体现了其诚实主张的真实性。

② 诚信是人的立身之本。孔子认为,诚信是做人的根基,没有诚信的人是寸步难行的。"子曰:人而无信,不知其可也。大车无輗,小车无軏,其何以行之哉?"(《论语·为政》)文中的"大车"为古代一种较大型的牛车,常用于运载货物;而"輗"为辕前端的横木,将它与軏连在一起,才可以驾牛车前行。而"小车"即通指古代的小型车,一般用于田间劳作,或用作兵车和载客;"軏"为辕前端的弯曲部分,与车架上的衡木相连以驾马。所以"輗"和"軏"名称虽不同,但都是牛车或马车上的关键部件,没有它们,车子就动不了。孔子以此来比喻,说明诚信是人的立身之本,是人在社会生活中缺少不得的基本品德,没有这种品德,是寸步难行的。

③ 以诚待人。要求与他人打交道时要诚实守信,不玩花招。孔子

曾表白自己"无隐",也就是坦荡。孔子对人前人后不一样,弄虚作假、虚伪作秀,是很反感的。"子曰:巧言、令色、足恭,左丘明耻之,丘亦耻之。匿怨而友其人,左丘明耻之,丘亦耻之。"(《论语·公冶长》)所谓"匿怨以友其人",就是隐藏对某人的不满,而表面仍装作喜欢他。这实是表里不一,阳许阴否。孔子对这种处世与待人的态度是很鄙视的,所以说"丘亦耻之"。

④ 诚信为美德。孔子之所以反复强调做人必须诚信,待人必须诚信,因为在孔子看来诚信是一大美德,讲诚信的人,是人格优异的标志。首先,孔子认为诚信是"仁"的要义之一。子张问孔子何谓"仁",孔子说若能在实践中做到"恭、宽、信、敏、惠"五者,就可算作"仁"。显然,"诚信"是"仁"的要素之一。其次,孔子认为诚信不仅是一种老实与厚道,也是做人的一种智慧。"子曰:不逆诈,不亿不信。抑亦先觉者,是贤乎。"再次,孔子认为诚信是君子特有的品格。"子曰:君子义以为质,礼以行之,孙以出之,信以成之,君子哉。"这里,孔子突出了"信"是成就、完善"君子"人格的一种品德。换句话说,要做君子,必须诚信。最后,孔子认为诚信是"成人"的必备素质。在中国古代文化中,"成人"是人格完善与升华的圆满境界,这也是古代伦理的终极关怀之一。"成人"的要求是非常严格的。子路曾问孔子何为"成人"?孔子这样回答说,以臧武仲的知识,加公绰的克制,再加卞庄子的勇敢,再加冉求的技艺,后经礼乐的熏陶,方可为"成人"。可见要达到"成人"是很不容易的。不过这么难的"成人",孔子有时候以为只要做到"诚信"就算达标了。他说:"见利思义,见危授命,久要不忘平生之言,亦可以为成人矣。"文中的"久要不忘平生之言",意即说过的话,再过多久都算数。可见孔子对诚信的评价之高。

⑤ 诚信为治国的基础。诚信不仅对做人,对治国也有极高的价值。子贡问孔子如何治国从政,孔子回答说:"足食,足兵,民信之矣。"

子贡又问:"必不得已而去,于斯三者何先?"孔子就说,先去食后去兵,因为"自古皆有死,民无信不立。""信"比"食"和"兵"更重要,可见在孔子心目中"信"对治理国家的关键作用。正是基于对诚信与国家治理之间关系的深刻理解,孔子倡导为政者要诚信,强调治大国,要"敬事而信"。

孔子不仅认为诚信为立国之本,而且还指出诚信也是理想社会的精神特征。《礼记·礼运》篇中就借孔子之口,为我们描述了这样一个没有虚伪和欺骗的"大同"世界:"大道之行也,天下为公。选贤与能,讲信修睦,故人不独亲其亲,不独子其子。使老有所终,壮有所用,幼有所长。"文中"讲信"一词,正突出了"大同"世界精神核心是有诚信的社会。

4. 孔子诚信思想的特点

首先是反感"利口"。基于"言忠信"的基本人生态度,孔子讨厌虚假、浮夸的言行举止;对花言巧语、出尔反尔,以及弄虚作假的言行举止,甚为鄙视和痛恨。他直斥"巧言令色"是一种坏品性:"子曰:巧言令色,鲜矣仁。"孔子还指责"巧言乱德",即败坏德性。《论语》中屡次出现"巧言令色,鲜矣仁"这句话,这也表明孔子对"巧言令色"的深恶痛绝。值得注意的是,孔子一点也不欣赏伶牙俐齿的能说会道,相反,很是讨厌。"子曰:恶紫之夺朱也,恶郑声之乱雅乐也,恶利口之覆邦家者。"(《论语·阳货》)文中"利口",即能言善辩。卫国大夫祝鮀"有口才",孔子却视之为"佞人",即品性不佳的伪善者。孔子推崇朴素、本色的说话。"子曰:辞达而已矣。"即说话只求表情达意,不求华美。在孔子看来,"巧言"不仅"乱德",甚至还有祸国殃民的极大危害,即"利口覆邦家"。说"利口"亡国,或许言重,但也透现出孔子对"利口"的深深警觉和担心。

其次是宣扬"木讷近仁"。与"恶利口"形成鲜明对照的是,孔子对不善言词的笨口笨舌,甚至"木讷"的状态,则大为赞赏。"子曰:刚毅、木讷,近仁"。文中"刚毅"指的是一种坚强的品格与操守,而"木讷"则喻指言语方面的迟钝。不过这种迟钝,并非是心智方面的欠缺,而是基于纯朴德性之上的寡言和重言,用孔子的话说即"仁者,其言也讱。"所谓"讱",即不轻言,"言若有所忍而不易发"。孔子认为这也是君子应有的品德之一,正所谓"君子欲讷于言而敏于行"。

再次是主张"慎言"。在朴实无华的言说之外,孔子还主张说话要严谨,既不要浮夸,又不要马虎大意。"子曰:弟子入则孝,出则悌,谨而信,泛爱众,而亲仁。"(《论语·学而》)文中"谨而信",就是要求寡言守信,不要夸夸其谈。另外,像"君子敏于事而慎于言","多闻阙疑,慎言其余"等,也反映了孔子一丝不苟的言说要求。《诗·大雅·抑》中有这样的诗句:"白圭之玷,尚可磨也,斯言之玷,不可为也。"诗意是说白玉做的圭上的污点,还可以磨去,言语上的失误,则难以弥补和挽回的,所以说话要格外慎重和小心。当时有一位叫南容的人,曾反复吟咏这几句诗,孔子听到后觉得他是一位用心而"慎言"的人,感觉不错,所以将侄女儿嫁给了他。

最后是倡导"言必信,行必果"。出于对空谈的警惕,孔子还十分注意言行的一致性,主张士应当"言必信,行必果"。说到的,就要做到,而做不到的,就不要信口开河地乱说。所谓"君子欲讷于言而敏于行",以及"君子耻其言而过其行",就包含了这层意思。此外,孔子所谓的"言必信",还有少说多做之意,主张"先行其言而后从之"。而不论是强调言行一致,还是主张少说多做,孔子所着意的是言说的务实性和实践品格,以过滤和阻止不实与虚浮之言。

(二)孟子"朋友有信"的诚信思想

战国时期,天下"争以气力",社会盛行弱肉强食的丛林原则,诚信与其他社会道德一样,不同程度遭到冷落。宋代哲学家叶适说:"去孔子甫百余岁,而能信者已少矣。"生当其时的孟子,则对诚信问题更为关注。

1. 孟子轻视诚信吗?

长久以来有一种看法,以为孟子不像孔子那样重视诚信。因为孟子忙于反战,忙于推进仁政,忙于批判杨朱、许行一类的异端邪说,而且孟子自己还说过"言不必信"的话。"孟子曰:大人者,言不必信,行不必果,惟义所在。"(《孟子·离娄下》)其实孟子这段话的含意,并非是忽视诚信问题,而是与儒家的道义观有关。事实上,孟子也与孔子一样,常常与弟子讨论诚信问题。《孟子》一书中"信"字出现了三十次,与诚信相关的词语也出现了二十五次之多。

从《孟子》一书来看,孟子对诚信的推崇与肯定,主要表现在以下几个方面:

其一,孟子敬重诚实的人。孟子有个弟子叫乐正子,又称乐正子春。据《韩非子·说林下》记载,他是一位极重诚信的人。一次齐国攻打鲁国,讨要"谗鼎"。鲁国国小力弱,打不过齐国,被逼无奈,就将一个假的"谗鼎"送往齐国。不料这一调包被齐人识破了,说这是假的,要鲁国拿真的来。鲁国人辩解说:"这就是真的。"齐国人看争下去没个完,就说:"那么就请将乐正子春喊来,我们将听从他的裁断。"没办法,鲁国国君就把乐正子春请来了,告诉了他事情的原委。乐正子春一听不高兴了,责问国君:"为什么不将真的送过去呢?"国君回答:"我太喜爱它了,舍不得。"这下乐正子春更不满了,严肃地对国君说:"您爱'谗鼎',臣下我也珍惜自己的信誉,我不能给您作伪证。"

可能这件事,使乐正子名声更大了,引起了人们的好奇。如齐国人浩生不害就曾问孟子,乐正子这个人怎么样?孟子就大夸他是个好人,是个诚实的人。

　　其二,孟子视诚信为人生一大乐事,也是人生一大境界。孟子说过这样一段话:"君子有三乐,而王天下不与焉。父母俱存,兄弟无故,一乐也。仰不愧于天,俯不怍于人,二乐也。得天下英才而育之,三乐也。"(《孟子·尽心上》)所谓"王天下不与",即这种快乐连做皇帝也不换。不换什么呢? 一是家中亲人安好,一是能教天下最好的学生,还有一个就是做人磊落坦荡,真诚透明。文中"不愧"与"不怍",就折射了在孟子那里,诚信是高尚人生不可或缺的因素。

　　其三,孟子不仅肯定诚信是美德,他还提出了一个"信人"的概念。按孟子的理解,凡天下好的东西都是人人追求的,而不好的东西,总是遭众人唾弃的。如果一个人广受欢迎而不遭反对,那么他就是一个好人("善人");而好人总是有实实在在的品质的,就像人们讨厌恶臭,而沉醉于美丽一样,好人总是因为有优异的品德才让大家喜欢的,所以好人又可称为"信人"。在孟子看来,"信"这种不加修饰的本然美德,是完美人格的重要基础和前提。

　　其四,孟子认为诚信是治国的法宝。孟子强调,只有诚信,国家才能充实与巩固。"不信仁贤,则国空虚"。如果伪善成风,国家是不可能治理好的。

　　其五,孟子特别提倡日常生活中为人处世必须诚实。孟子为我们讲述了这样一则"良人"的故事:

　　　　话说齐国有户人家,"良人"(古时候山东一带对家里男主人的称呼)有一妻一妾,生活得还相安无事。看上去这位"良人"生活得蛮不错,他每天外出,回来时总是酒足饭饱,而且还一脸得意洋洋的样子。有一天妻子忍不住问他:"良人,您每天出去都和哪些人在一起吃饭呀? 今天又是谁请的您呀?"良人于是说出了一大串和他一块吃饭的人的名字,尽是在当地有头有脸的富贵人家的。听完良人的吹嘘,妻子总觉得有些怀疑。她对小妾说:"当家的每天外出都是喝香的、吃辣的,问他和哪些人在一起,回答又尽是达官贵人。但奇怪的是,为什么总是人家请他吃,老不见这些人上我们家来呢?这里或许有问题呢。我想悄悄地跟踪他一次,看他到底在哪里弄到吃的喝的。"有一天一大早,"良人"前脚刚走,妻子就悄无声息地跟在后面。一路走来,她发现一路上没人搭理她丈夫,更没有人请他吃饭。走到后来,丈夫来到城东的墓地,那里正有不少人在祭祀,他竟然走向前去向人家讨要祭品吃。一家给的没吃饱,他又走向第二家乞讨。原来"良人"是这样在外面酒足饭饱的。妻子十分伤心,回来还一五一十地向妾诉说了。"良人"回家后,两人一齐数落他,说男人应该当家,良人你是一家的希望,如今你这样弄虚作假地混日子,跟着你还有什么指望?接着又斥责他不负责任,不仅好吃懒做,而且不知羞耻地公然撒谎!

孟子讲这个故事,意在揭示,即使寻常的日常生活,也必须诚实,弄虚作假是行不通的,即便能骗得了一时,但终将真相大白,结果是遭唾弃和受鄙视。

其六,在孟子看来,不仅做人要诚实,社会生活的各方面都必须遵循诚实守信的准则,否则社会秩序就会大乱。孟子对神农学者许行"一价论"的批判,就充分显示了这一点。许行是与孟子同时的一位思想家,他因反对阶级统治与压迫,进而反对社会分工,主张"君民并耕";他还抵制商品经济,主张所有货物一律统一价格。许行的一位追随者陈相,还向孟子宣传许行主张的好处。他说,如果按照许行的设想去做,那么市场上的货物就会一个价:布、帛的长短相同,那么价格也就会相近;麻、缕、丝、絮的轻重一致,那么价格也就差不多;五谷多少相同,那么价格也就相差不远;鞋子大小一样,那么价格也就一样。这样实行"一价论"后,即便小孩去买东西,也肯定没人会骗他,一国之内就不会有欺骗的行为发生。孟子认为许行的这一想法是绝对行不通的,这不仅不会杜绝作假,反而会迫使人去作伪。孟子分析说,表面上看,许行的想法很吸引人,会省去生活中的很多麻烦,但事实是做不到的。因为事物有其自身的规律,这就是物物各不相同,万物都是有差异的,或相差五倍、十倍或相差百倍、千倍,甚至万倍。而许行却漠视这一客观实际,强行抹杀事物的差异,而勉强求其同一,这会严重扰乱生活和生产秩序。因为如果大鞋子和小鞋子一个价,那么谁愿意生产耗材多、费时多的大鞋子呢?因此,孟子认为倘若推行许行的主张,等于变相在鼓励大家弄虚作假,相互欺骗,天下必将大乱。孟子与许行的分歧以及他对许行主张的批评,显示出一种务实的思想倾向,再一次表现出孟子对虚假的痛恨,对诚实守信的推崇。

2.孟子诚信思想的内涵

孟子对诚信的理解,与孔子比较,有相似的地方,也有不同之处。相近的地方如孟子也将诚信理解为言语上的诚实,"动容周旋中礼者,盛德之至也。哭死而哀非为生者也,经德不回,非以干禄也,言语必信,非以正行也。君子行法以俟命而已矣。"(《孟子·尽心下》)文中所谓"言语必信",也正是"言必信"的意思。

与孔子对诚信理解不太一样的,孟子特别强调"诚","诚者,天之道也;思诚者,人之道也。"孟子强调对诚信主观上的有意认知和自觉坚守。

孟子好学深思,对事物的理解,常能显现出其独到之处,他对诚信的理解,就颇有这种意味。

其一,诚信是历史进步的结果。

孟子认为人类的文明是逐步发展而来的。孟子指出,远古时代人类的生存环境是充满危险和艰辛的,更不乏恐怖的血雨腥风。"三代"以前以及"三代"时的先民,生存是很艰难的,那时有洪水,还有猛兽,先民没办法,只能住在树上或石洞里。后来出现了尧、舜、禹等圣人,他们前赴后继,驱逐了猛兽,平息了洪水,人类终于开始了平静而安宁的生活。先民在享有了这种生活后,才慢慢发展出诚信道德。他说:"人之有道也,饱食、暖衣、逸居而无教,则近于禽兽。圣人有忧之,使契为司徒,教以人伦。"文意是说,圣人对"逸居而无教"深感忧虑,于是就任命契为司徒,让他来规范人伦秩序,教育人民明白做人的道理。后来契整理出五种人伦规范,这就是"父子有亲,君臣有义,夫妇有别,长幼有序,朋友有信"。

历史是人民创造的,不是少数圣人的作品。孟子创设五伦说,将人类文明进步的成就,归之于少数圣贤,不无英雄史观之嫌,但其间也透现出这样一个观念:诚信并非自古以来就有的,而是人类进步到一定历史阶段才产生的,诚信是人文化成的结果。

其二,生活水平决定诚信状态。

孟子认为,一个社会道德的好坏,取决于这个社会民生问题解决得如何;同理,一个社会的诚信度如何,也决定于人民生活的富裕程度。因此,孟子反对空洞地谈论诚信,而是强调先解决人民的生活问题,这就是他著名的"制民恒产"论。

孟子认为,一般来说"无恒产"即无"恒心",即没有起码的物质生活,也就谈不上道德;例外的情况只存在于"士",只有他们"无恒产"而有"恒心"。孟子指出,如果人缺乏道德意识,那么后果是可怕的,"苟无恒心,放辟邪侈,无不为己。"为所欲为的结果,极可能会犯罪。值得注意的是,这里孟子将关注的焦点集中于统治者身上。他说:"及陷于罪,然后从而刑之,是罔民也。焉有仁人在位,罔民而可为也!"意思是说,一个负责任的政府,决不应"罔民于罪",即逼迫或驱使人民犯罪,而应在人民犯罪之前,就应想办法防患于未然。

那么政府应该怎么做呢?孟子借用其"恒产—恒心"论,大力宣扬"制民恒产"说,他说:"是故明君制民之产,必使仰足以事父母,俯足以畜妻子,乐岁终身饱,凶年免于死亡。然后驱而之善,故民之从之也轻。"这里一个重要的思想是,人民有了"恒产",才乐于趋善。所谓"乐岁终身饱,凶年免于死亡。然后驱而之善,故民之从之也轻"中的"轻"字,正生动地说明,解决了人民的衣食之忧,道德建设才有可能。

其三,诚信是社会行为的准则。

前面我们在叙述孔子诚信思想时,已经看到孔子常常在朋友关系上来谈论诚信的,他所谓的"朋友信之",以及"主忠信,无友不如己者"等等,都展示了诚信所指向的是一种社会关系。孟子继承并发展了孔子的这一思想趋向,而且更强化了诚信的社会伦理性质。这主要体现在以下两个方面:

其一是提出了"五伦"范畴,明确了诚信与朋友的对应关系。孟子在前人的基础上,将纷繁的人际关系进一步归整为五种,并构建了与之对应的五种道德要求,这就是:"父子有亲,君臣有义,夫妇有别,长幼有序,朋友有信。"五伦的提出以及"朋友有信"的道德定性,使诚信具有了特别的价值内涵,即成为主要调节"朋友"关系的伦理准则,这在中国古代思想史上,还是有首创性的。传统社会的"朋友"关系,实际上是指非亲非故的一种一般性的社会关系,说"朋友有信",实质上是说社会交往应讲诚信。

其二是突出了诚信是一种交往伦理。"万章问曰:敢问交际何心也?孟子曰:恭也。曰:却之却之为不恭,何哉?尊者赐之,曰:'其所取之者,义乎,不义乎',而后受之,以是为不恭,故弗却也。"(《孟子·

万章下》)文中所提的"交际何心",也就是问社会交往中应持何种态度和立场。这里孟子强调了恭敬地待人接物的心态和举止,其间既包含尊重,又蕴含诚实。又有一次,万章问如何交朋友?"孟子曰:不挟长,不挟贵,不挟兄弟而友。友也者,友其德也,不可以有挟也。孟献子,百乘之家也,有友五人焉。"(《孟子·万章下》)这里孟子所强调的"不可有挟",不仅要求交友时持一颗平常心,更要求持真心,注重的是真诚待人。所以孟子又说:"善与人同,舍己从人,乐取于人以为善。"

作为一种交际伦理,诚信当然是在交往的互动中形成和体现出来的,而人际往来中难免有欺骗,不过孟子认为这没有什么可担心的,虚伪终将被诚信所战胜。他说:"君子可欺以方,难罔以非其道。彼以爱兄之道来,故诚信而喜之,奚伪焉?"(《孟子·万章上》)这里就流露出孟子对建设诚信的人际关系的乐观态度,用他的话说,如果待人以"恭",而且"善与人同",就会"朋友有信"的。

中国古代社会人伦井然,伦理发达,不同的人际关系各有其侧重的道德要求,如人君之仁,人臣之敬等;而朋友、乡党之间,则以诚信为最根本的道德要求。在中国古代,诚信是非亲非故者之间的、大众化的道德,孔孟儒学对此多有体认和揭示,为后世理解与探讨这一关系,奠定了深厚的思想基础。

七、忧世忧民

中国传统文化中富有忧患精神。这源于中国古人的忧患意识特别强烈①。忧患意识出现于商、周之际,随着"天命有德"思想的生长,人既看到了自身的力量,也萌生了一种前瞻性的理性精神,安而不忘危,存而不忘凶,治而不忘乱,进而不忘退,得而不忘丧;形成了一种"如临深渊,如履薄冰"的戒惧奋进心态。当然,这种忧患并非杞人忧天,亦非庸俗的患得患失,而是着眼未来的远图与自警。生当春秋战国之际的孔、孟,承袭了这种忧患意识,也发扬了这种忧患精神,庄子形容之为"蒿目而忧世之患"。

(一)孔子"忧道"

孔子本是位乐观通达的哲人。一次司马牛问孔子什么是"君子"?孔子答:不忧不惧。司马牛说仅此即可为君子了吗? 孔子说自己问心无愧,又担心什么、害怕什么呢。孔子还自称自己是位"乐以忘忧"的人。有一次,楚国的叶公向子路打听,孔子是个什么样的人,子路沉默不语。孔子知道了,对子路说:"你可以这样回答他:孔子是个发愤忘食,快乐得忘掉忧愁,忘掉自己会衰老的人。"你看,孔子是个多么爽朗、多么乐观的人。

那么,如此快乐、达观的孔子,何以会忧患呢?

孔子时代一个显著的社会特征,就是三代以来的礼乐文明正遭受前所未有的挑战,诸侯凌驾于天子之上,家臣排斥诸侯王,甚至还出现

---

① 《中国哲学思想论集·总论篇》,台湾牧童出版社出版。

［明］孔子退修诗书图　描绘孔子不仕退修诗书,办私学,整理、传授六经的情景

了臣杀君、子杀父的极端恶劣的事件。对这些乱哄哄的现象,孔子非常不满,也极为担心。

其一是孔子忧虑当时道德状况不好。一次孔子对弟子子由说,今天"知德者鲜矣",即关注、在意道德的人太少了。

表现之一是"好仁者"少。孔子就曾叹息过,他几乎没看见过"好仁者,恶不仁者"。这可能有些夸张,但流露出孔子对当时不重视道德、不追求美德的由衷不满。

表现之二是当时人吝啬、不仗义,缺乏慈善救助之心。孔子说,他是熟悉历史的,过去人们乐于慷慨地帮助他人,"有马者借人乘之",而现在这样的人不见了,用孔子的话说,"今亡矣夫"。爱心的人不见了,实际上消失的是悲天悯人的情怀。

表现之三是贪欲横行,好色成风。孔子曾不无绝望地叹息说:"吾未见好德如好色者也。"孔子之所以这样感慨,是有原因的。据《史记》记载,一次卫灵公外出,与夫人同车,还让孔子陪乘,招摇过市。朱熹在注解这句话时,猜测"孔子丑之,故有是言"。所谓"丑之",显然是痛恨卫灵公的"好色"。据《论语》,孔子碰到的不仅有好色的卫灵公,还有季桓子。鲁定公十四年,孔子担任鲁国司寇,并"摄行相事"。齐国很担心鲁国因孔子执政而强大起来,于是使美人计,送了一批美女歌舞艺人给当权的鲁国大夫季桓子,以迷乱其心志。季桓子果然中计,他不仅乐呵呵地笑纳了,而且连续三天不问朝政,耽于女色,连早朝都不上了。孔子实在看不下去,无奈离开了鲁国。

表现之四是狂妄自大。孔子提倡温良恭谦让,他自己做人也是很谦虚的,保持着"知之为知之,不知为不知"的求实与低调态度。但孔子生活的时代,已完全是另一番景象,矫情与张狂已俨然成为时尚。对此,孔子颇有点悲哀,感叹道:"已矣乎!吾未见能见其过而内自讼者也。"这儿所谓的"自讼",实是一种自我惕厉与反思,诚如朱熹所注:"内自讼者,口不言而心自咎也。人有过而能自知者鲜矣,知过而能内自讼者为尤鲜。能内自讼,则其悔悟深切而能改必矣。"当时已很少看到能"内自讼者"了,人情汹汹。所以孔子力倡自我约制,宣传"三戒":少时戒色,壮年戒斗,老年戒得;提倡"克己复礼为仁",倡导"中庸",意在矫正时人的轻狂与浮躁。

其二是孔子忧虑社会制度的紊乱。

孔子所处的春秋时代,是个变革的时代,也是个动荡不安的时代,社会秩序不断被打乱。如齐国大夫陈恒杀了齐国国君。当时孔子已年过七旬,退休在家,闻此消息甚为震惊和愤怒,立即要求面见鲁哀公,请求出兵讨伐犯上的陈恒。又如礼制的紊乱。季氏为鲁国大夫,按周礼,只能用四佾的乐舞,他却用了八佾,这是天子的规格。孔子认为这样的胡作非为,"是可忍也,孰不可忍也。"鲁国三大夫祭神时咏颂《雍》,而按礼这首诗只有在君主祭祀时才可以咏唱,所以孔子听说后很生气,说:"人而不仁,如礼何,人而不仁,如乐何。"鲁哀公十一年(公元前 484 年),孔子已六十七岁。鲁国大夫季氏决定废除西周丘赋制度,按亩征税赋。季氏命冉有征询孔子意见。孔子得知后大为不满,对冉有说:"季氏欲按章办事,则有现成的周公法规在;如果他要自作主张,又何必装腔作势地来请教我呢!"晋国进行司法改革,铸刑鼎,公布法律条文。孔子以为这是亘古以来从未有过的做法,他认为周代以来的法律制度是最完善的,只要保持不变,就可使贵贱秩序不乱。而现在晋国废弃了过去的成法,孔子为此也深为担忧,说:"晋其亡乎,失其度矣。"

孔子是位理想主义者,他不仅梦想实现周代的制度,而且也坚决主张有序的社会,因此他竭力维护以"礼"为核心的社会秩序,并为"君君、臣臣、父父、子子"的等级制度辩护。孔子所向往的是"天下有道"的社会,"天下有道,则礼乐征伐自天子出。天下无道,则礼乐征伐自诸侯出。……天下有道,则政不在大夫,天下有道,则庶人不议。"(《论语·季氏》)但现实却是如此的"无道",孔子当然不能不深为担忧。

其三是忧虑伪善成风、巧言令色。

前面曾提及,孔子对其时的道德状况十分失望,其中一个很重要的原因,就是社会风行花言巧语、以貌取人。流风所及,孔子学生中就不乏巧舌"利口"之人。孔子办学,"有教无类",他的学生中什么样的人都有。孔子曾对他的学生以"政事、言语"等标准作过划分。所谓"言语",就是善于言词,能说会道。在夫子眼里宰我和子贡两位是代表人物。

宰予字子我,鲁国人,史称"利口辩辞"。他对"三年之丧"提出过异议,认为守孝三年太长了,在家不问国事,国家的礼制、乐制会紊乱。孔子听说后很生气,指责他大不孝,因为子生三年,才离开父母之怀,为父母守三年之丧,也是"天下之通义",即公认的常理。孔子虽以"天下通义"和内心悲悯情感来辩解,但似乎不如弟子之论有说服力,"汝安则为之",似乎也透露出孔子不愿深论下去。

另一位弟子叫端木赐,在"利口辩辞"方面更是了得。端木赐是卫国人,字子贡,很有才干,在孔子眼里是"瑚琏",即宗庙贵器。下面这段史实也证明了这一点。

田常在齐国篡权,并欲发兵伐鲁,形势危急。孔子的好多弟子,如子路、子张等闻讯后,都请求回去救国难,但孔子不准。不过,"子贡请行,孔子许之。"子贡先至齐,说服田常罢伐鲁之兵;次说服吴伐齐救鲁;再说服越发兵从吴攻齐;又说服晋备战于齐、吴。司马迁由衷赞叹道:"故子贡一出,存鲁,乱齐,破吴,强晋而霸越。子贡一使,使势相破,十年之中,五国各有变。"看来子贡是精于"饰人之心,易人之意"的论辩术的,而其取得的轰动的社会效果,也表明他堪称纵横家的先驱。不过,孔子虽赞赏子贡的才能,但却不喜欢他翻云覆雨的"利口巧辞",虽然他的影响和功劳很大,但夫子依然"常黜其辩",即有意抑制他巧舌如簧的"利口",要他奉行"君子敏于事而讷于言"的师训。

其四是忧虑异说滋长。

春秋时期,随着社会的动荡,各种思想观念纷纷涌现,对其间的一些主张,孔子也颇为忧心。如老子就宣扬"绝圣去智,民利百倍;绝仁弃义,民复孝慈"的反对道德仁义的观点。据文献记载,有一次孔子问礼于老子,老子很不高兴地教训孔子说:你所提及的古时候的人,早已经死了,骨头都烂没了,只是他们的言论还没消失。我听说好的商人会藏好货物以等待好的出手时机,你呀,要去去你身上的好胜之气,不要以为就你能救天下,这些念头对你没好处。要学会虚与委蛇,保护好自己。又如少正卯也是当时一位有名的智者,孔子说他有一套自己的理论,而且还很能蛊惑人心。他的影响很大,后来荀子也说他是"鲁之闻人"。再如邓析,是一位当时有名的诡辩家,史称他"操两可之说,设无穷之辞",能将非说为是,将是说为非,颠倒黑白与是非。他的名

孔子问礼于老子(画像石)

声也很大,老百姓都想跟他学辩论术。

这种反常的社会环境和"异端"的思想言论,使孔子十分担心尧舜禹周公所创立和传承的文明,能否赓续相延下去。因此,孔子自觉自己的责任重大。所以当孔子周游列国在匡地受人围攻时,他感叹道:"周文王已死,他所传承和发展的文明不正在我这儿吗?如果老天要毁灭这一文明,我们这些后来者也就不可能看到这一文明了,而如果老天保佑这一文明,我一定能传承好这一文明的,匡人又能拿我怎么样!"也正是为了发扬光大三代文明,所以孔子旁搜各国史料写作《春秋》,为后人理解古代文明,为后人理解自己的理想追求提供了资料。

孔子病危之际,挂念的仍是重建三代的文明。弟子子贡来看望他,孔子正拄着拐杖靠着门首,见子贡来了,就说:"子贡呀,你怎么来得这么迟呀!"孔子接着叹息道:"泰山毁坏了,顶梁柱折了,哲人也消失了。"说着说着,老泪纵横。他对子贡说:"天下无道已经很久了,世人都不听我的话。"孔子说完这番话七天后就死了。孔子是怀着对其所向往的三代文明而辞世的,临死仍然对它的传承而心忧不已。哲人已萎,但孔子的忧思却绵绵不绝,孟子就继承了孔子的心思。

(二)孟子焦虑于"杀人盈野"

孟子生当战国,较之春秋,这更是一个风云际会、沧桑巨变的时代。剧烈的社会变革,使"周礼"与固有的社会秩序遭到猛烈冲击而日趋崩溃瓦解,社会陷入严重的动荡状态。诸侯间连年的战争,更使华夏大地蒙上了暴力与死亡的恐怖阴影。社会将向何处去,人类的命运又将如何,不能不令当时的智者忧心不已。而孟子,可谓是这群智者中忧世最为深切的一位。孟子最为心焦的有以下几个方面:

一是"杀人盈野"的兼并战争。

战国之为战国,正在其"天下方务于合纵连横,以攻伐为贤",连绵不绝的战争硝烟,是这一时代的主要社会特征,也是《孟子》书中反复议论的话题。他抨击鼓动诸侯间大战的合纵连横者,像苏秦之流为"民贼";他认为那些"善为阵、善为战"的兵家,该负"大罪";他指责"好战"的梁惠王不是仁者;他痛斥那些攻城略地的战将"罪不容死"。总起来看,孟子认为一切与战争相关的活动都应坚决地惩罚。

那么为什么孟子如此反战呢? 其原因有这样几条:

第一是春秋无义战。所谓"义战"即为孟子所理解的正义战争,其实际内容是天子讨伐无道的诸侯,"征者,上伐下也。"春秋战国时代,情形大变,各诸侯国为了自身的利益而互相厮杀,诸侯间的这种火并,违背了上伐下的名分,又破坏了先王征战旨在诛杀桀、纣一类"独夫"的正义目的,而只是为自己的私利,所以孟子愤愤不平于"以攻伐为贤"的战国时局。

第二,战争陷人民于水深火热之中。孟子曾痛陈当时人民的生活状况:"民之憔悴于虐政,未有甚于此时者也。"而人民之所以如此困苦,正是统治者的"好战"。因为战争抢夺农时,使人民不能春耕秋收,"使不得耕耨以养其父母",民之父母妻子又怎么能不受冻挨饿?另外,战争的费用又增加了人民的负担。当时各国的兵制规定,人民出征,粮食、马匹、兵器装备都要自己置备。国家为战争又增加赋税,按孟子的说法是"有布缕之征,粟米之征,力役之征","三征"之下,人民又怎能不倾家荡产而沦为"饿莩"呢?

第三是战争夺人性命。这也是孟子反战的最根本的着眼点。战争的后果免不了伤害人的肢体甚至生命,孟子对此更为敏感。他径直将战国兼并战争斥为"杀人",形容为"争地以战,杀人盈野,争城以战,杀人盈城"。随着铁器的出现,战国时生产力有了很大的发展,人口也相应增加,战国诸雄中的大国,其军队多达百万之众,在战争愈来愈频繁的同时,战争规模与持续时间也在扩大,从而战争伤亡的人数也就随之激增。如公元前 405 年齐伐三晋,齐大败,三晋"得车二千,得尸三万"。到公元前 260 年的"长平之战",秦一次就活埋了四十余万赵军的俘虏。据统计,仅秦一国在兼并六国的战争中,就斩首一百六十多万,如果合计七国相互厮杀而死伤的人数,那一定是很惊人的。另一方面,各诸侯国为在兼并战争中获胜,纷纷鼓励将士杀人立功,即所谓"上首功",秦国和齐国的变法中都有这方面的内容,鲁仲连甚至直称秦国为"上首功之国"。孟子是热爱生命的,他主张"仁也者,人也。"他宣扬的"仁政"实质是改善人民的生存状态,维护生命的神圣尊严;他所谓的"仁"、"君子远庖厨"、"无伤"等观念,都是在呼吁怜悯天地间的生灵,特别是人的生命。所以孟子论定"杀人不仁"。但现实却是如此以攻伐为贤,以杀人为有功,大量的生命惨遭涂炭,用孟子的话说这真是"率土地而食人肉!"面对此情此景,孟子极为震惊,也极为悲愤,他说:如此杀伐下去,人类的前途又何在? 又如何求仁? 如何维护天地之灵的人的价值?

二是世衰道微、邪说泛滥的文化危机。

这里的邪说,在孟子那里主要意指杨朱、墨子的学术思想。当时"圣王不作,诸侯放恣,处士横议,杨朱、墨翟之言盈天下。天下之言,不归杨则归墨。"其实,当时的学派远不止于杨、墨两家,而有百家之喻,《孟子》书中就还记有许行的"神农学派"以及告子的"生之谓性论"。孟子之所以特地标出"杨、墨为我,是无君也;墨氏兼爱,是无父也。无父无君,是禽兽也。……杨、墨之道不息,孔子之道不著,是邪说诬民,充塞仁义。仁义充塞,则率兽食人,人将相食。"(《孟子·滕文公上》)在孟子眼中,杨、墨学说影响如此之大,其后果又如此严重,缘在其学术宗旨过为"异端",为此他深感忧虑:"吾为此惧,闲先圣之道,距杨、墨,放淫辞、邪说者不得作。"文中一"惧"字,正道出了孟子深深的忧患。

孟子对杨、墨的忧虑还出于其对儒家忠孝价值的捍卫。众所周知,儒家尤为推重"孝"与"忠"。就原始儒家而论,孝更为关键。在儒家看来,人之所以为人,首先在于"亲亲"。孔、孟思想中这一点特别明显,当然孟子更为强调了这一观念。如"亲亲仁也",以及"不得乎亲不可以为人"等,都鲜明体现了尚孝的价值信念。从上述五伦中也可看出,父子有亲居于首位,它是一切人伦的出发点与基石,其重要性是不言而喻的。"忠"关涉到的是君臣之间的关系,儒家意识到构建整个社会秩序,仅有孝还是不够的,必须有"君君、臣臣、父父、子子"的系列人伦建设,而"忠"尤其有益于此建设。孔子早已说过,有了"忠",社会上犯上作乱的事就会减少,统治秩序就会巩固。孟子虽不把梁惠王之类的暴君放在眼里,但也注重"劳心"与"劳力"、"治人者"与"治于人者"

的条理分化，并且抨击臣弑君的乱臣贼子。孟子深谙"治于人者"听命于"治人者"对构建稳定社会秩序的意义，故他要求维护君权，倡导忠君。可以说，忠孝是儒家思想赖以成立的基础，一个无君无父的社会，是儒家难以想象，更是不能接受的。因此孟子痛斥杨、墨之论为"无父无君"的"禽兽"主义，孟子深为担心这种学说的蛊惑人心，所以奋起抨击杨、墨。

在学术文化史上，战国是一个百家争鸣、思想空前活跃的时代。随着周天子权威的衰落，正统的周礼难以范围一切了，社会价值观念日趋多元，庄子形容之为"道术将为天下裂"。当时学派林立，新见纷陈，形成了一个古代思想学术空前繁盛的阶段，为后世的学术文化提供了极为深厚的精神资源和丰富的资料积累，其意义是难以估量的。在此宽松、自由的学术气氛中，对杨朱"为我无君"之说，对墨子"无父"论，孟子动辄以"淫辞、邪说"抨击之，显然缺乏那个时代所特有的宽容精神，也有悖于持之有理、论之有据的平等辩论的共识与准则。实际上，从《孟子》书中所着力强调的尧舜禹周公孔子这一历史文化发展的人脉来揣测，孟子已在着意构建道统，意在整理、范围天下学术了。孟子虽未明确提出独尊儒术，但其不容杨、墨之异说，并对之大加挞伐，多少流露出了其心中的独尊意向。客观地说，这一意向也暴露了孟子思想宽容性的欠缺，在春秋战国时代，它显然是不利于思想自由与学术繁荣的。

不过也应指出，战国时期，虽然天下大乱，但每一诸侯国相对稳定的统治，也要求一定的秩序，而在普遍小农经济的宗法社会里，杨朱学说的"为我"倾向，既不合宗法社群观念，更难容于封建集权统治。墨子的兼爱，虽不必导致"无父"，但它违背了社会的等级秩序，尤其对立于宗法血缘价值观中的父权中心意识以及孝的观念。儒家虽也讲仁爱，但却是以孝为基础，呈等差递减之态的，而且一切的爱均以"亲亲"为归属。因此可以说,杨、墨"为我"、"兼爱"说本身,也不符合时代的需求,其遭到抨击是必然的,孟子的批评只是这种社会心态的反映而已。

孟子忧虑杨、墨学说,虽有其学派间的偏见,但其间也有更为深远的思考。从上述的分析中可见,五伦在孟子心目中不仅仅是五种人伦规范,实质上更是人区别于禽兽、体现人之为人的根本规定性,也是人类历史历经沧桑所取得的文明结晶;而杨、墨之论,孟子以为直接冲击了社会赖以维系的基石——人伦,甚至还将遮蔽淹没"人之有道"这一中国文明的核心,并使集中体现这一文明的"先圣之道"失序,甚至崩溃。"吾闻用夏变夷者,未闻变于夷者",孟子矢志推进华夏文明,故对于他认为有悖于这一文明的杨墨之说,自必忧之切切。这不仅显示了孟子作为一个思想家的神圣责任感,客观上也有助于华夏文明的传承。

三是人兽相距"几希"的人性危机。

所谓"几希",意即人与动物相隔不远,人极易沦落至动物状态,即"人之所以异于禽兽者几希"。孟子是坚信人的本性为善的,既如此又何以有"几希"之说呢?其直接的原因怕是社会现实的刺激。战国为"古今一大变革之会",社会动荡不安,旧有的礼义道德被冲破,时人往往率性而为,无所顾忌,世风也为之大变。各种各样的不德行为都出现了,如"好利、好色、好战"的不仁者梁惠王,"以邻为壑"的白圭,垄断市场的"贱丈夫",以及猥琐、庸俗的"饮食之人",甚至还出现了"臣弑君、子弑父"的悖礼犯伦的暴行,再加上当时"杀人盈城"的兼并战争,陷民于"憔悴"的暴政,凡此种种,都使孟子震惊于人性的激变。

除了客观的现实因素外,孟子人性论本身也潜含有对人性迷失的担心。人固然以其天赋的仁义礼智四端之心而殊异、优异于万物,但与此同时,孟子也强调:四端之心只是人性善的一种主体可能性,而要把它变成现实,尚须后天长期而艰苦的道德践履与磨炼。所以孟子强调人只具备性善之"端",此外,人的天性中既含有为善之端,又潜伏为恶之绪。

孟子将人的生理构成分为"大体"与"小体"。前者指"心之官",其特点是善于思考,即人的理性思辨能力;后者指耳目鼻舌等感觉器官,它们只能感觉世界而不能思考。这种区别,就使人具有向善的内在动因,因为心之官以其思辨而追求事物的规律和本质,能够把握礼义和道德真谛,正如孟子所说"思则得之";但耳目之官却只能顺其本性而耽于声色的感官享乐,而且这种享乐还是无止境的,必将沉迷于物欲,被物欲所控制,甚至还会出现"逾墙搂处子"、"抮兄之臂而夺之食"的反道德与反人伦的恶劣现象。固然,孟子相信"大体"能够影响制约"小体"的负面作用,但"小体"的客观存在,就始终隐伏着人性的堕落危险。

导致孟子"几希"判断的第三个原因是其"居移体"的环境影响论。孟子是位乐观主义者,他相信人为的力量,坚信人能改变自己的命运,尤其是影响道德水平。他说过,只要你想成为尧舜那样的圣人,并且努力去做,就一定会成为圣人,关键在于你"为"还是"不为"。不过,与此同时,孟子也甚为重视环境的诱导作用。在孟子看来,万物的存在都有其一定的条件,"苟得其养,无物不长",人同样也受其生活的社会环境的影响。孟子说:"居移气,养移体,大哉居乎!"即使如尧舜那样的圣人,也不能完全摆脱环境的制约,在本质上也是环境的产物。当舜居住在深山老林之中,与树木、石头为伍,与山林中的野兽为伴时,"其所以异于深山之野人者几希";但是一旦他走出深山,接触到礼乐文明,结交到彬彬君子,他就会迅速成为文明人,成为有道德教养的人,这一趋势就如江河奔腾而下,是不可阻挡的。从孟子的这个比喻中也不难看出,在孟子看来,环境对人的作用是很大的。也正是基于这一认识,孟子忧心于战国时代的世态人心。当时就有智者认为当时已是近乎强盗的世界,社会险象环生,"天下之百姓皆以水火、毒药相亏害"。人本来就有"小体"的蛊惑与引诱,再加之如此恶劣的社会环境,人性的失落就更容易发生了,孟子念及此当然会滋生"几希"之叹。

孟子坚信,无论是社会的文明,还是人自身的文明,都是经过漫长的历史积累而达到的,故也是极为珍贵的,而人性的沉沦,无疑直接危及了人类的文明,这对于一个醉心于先圣之道的智者来说,觉得其危害性自是难以估量的。战国时代,随着神的没落,人的力量空前高涨,"人为天地间之灵杰"的观念日益成为人们的共识。人们陶醉于自身力量的解放,欢呼冲决鬼神枷锁后的自由,而开始忽视人性自身所潜伏的危机。恰恰在此历史情势中,孟子发出了"几希"的警告,提醒人们在人性解放的同时,注意保持人性的尊严与文明,显示了智者孟子对社会的深刻认识。

对孟子,古已有"迂远而阔于事情"的评说。可见,孟子的思想言行在当时不怎么受社会的欢迎,但也正如此,倒也反衬出孟子独特的立身处世的态度,即以一个积极入世的批评者的立场、眼光来观察、审视周围的一切。孟子的忧世思想正是这一观察和审视的直接结果。只有关心人生,挂念人民和社会的人,才可能认真思索世态人心,思考社会的今天和明天。在此意义上,孟子忧民思想充分表现了他的神圣社会责任感与使命感。"天将降大任于斯人"以及"当今欲平治天下舍我其谁"等等言论,都鲜明表现了孟子的远大抱负与胸怀。孔子也忧世,但更多地表现在理性的求道上,而孟子则追求在具体政治实践中改造现实,其"仁政"的具体擘划,就是显证。孟子崇尚尧舜禹周公孔子的"道统",但他并非仅仅着眼于名物典章制度的固守,而是从更为根本的人性、人之道以及人之为人的尊严上来捍卫中国文明。孟子动辄以"率兽食人，人将相食"来警策世人，除了提醒人们关注社会的走势与前途外，也生动显示了孟子忧世思想的底蕴在于保护人的光荣与体面。这一点就其文化意义而言，无疑是极为宝贵的；而若从周以降所涌现的神权没落、人性昂扬的启蒙大势来看，孟子之忧则不仅迎合了这一趋势，更有巩固与促进人的解放以及人的文明化进程的重要意义。

由于生活时代的差异，孔子和孟子的忧患意识各有所侧重。孔子重在制度的维护和道德的重建，孟子则倾心于生命的捍卫和异端曲说的排拒，但两人的忧患主旨是一致的，即都为兼济治平，都为能实现仁政与王道。

尽管孔、孟的忧世思想，在当时遭到了嘲笑，甚至排斥，但在往后的中国历史发展中，却发挥了很大的影响。首先，孔、孟的忧世情怀，感染并激励了众多仁人志士"先天下之忧而忧，后天下之乐而乐"。"以天下为己任"是孔子以来儒家的共同特征，孔子首先光大了这一点，不过孟子更为具体、更为实际地表达了一个智者对人民、对社会的强烈关注。其次，孔、孟忧世的基本信念是人民的幸福，是社会的文明，是人性以及人的生命的尊严。他们以极大热情超越了一切阻碍，坚定地宣扬并维护这些基本价值信念。后来，经无数思想家的传承与论说，礼仪之邦的国家信念与仁者爱人的价值信仰更为深入人心。中国古代封建王朝虽然更替频繁，而且也不乏暴君独夫，但他们只能猖狂于一时，并不能阻断中国文明的整体进步，其间原因固然众多，但孔、孟的忧世思想，无疑是一个重要且积极的因素。

八、犯颜好辩

　　孔子和孟子都洋溢着一种不妥协的批判精神。孔子一生周游列国，指摘社会弊端，批评诸侯失政，竭力想恢复他所希望的生活与政治秩序，虽然坎坷多舛，但他矢志不渝。当时有隐者嘲笑孔子，揶揄他与社会大势相抗衡，但孔子自誓知其不可为而为之，而且乐此不疲，不知老之将至。与孔子相比，孟子更有过之而无不及。他抨击时政，指责世相，词锋之尖锐，气势之猛烈，以至时人说他"好辩"，还嘲弄地说他"迂腐"。然而历史地看，孔、孟好议时政，指点江山，却真切地显示了儒家兼济天下的使命感与责任意识，并为后世的仁人志士树立了杰出的榜样。

（一）孔子的"不可忍"

　　孔子主张"学而优则仕"，支持优秀的学生弃文从政，治国安邦。但如何从政却是大有讲究的。在孔子思想里，从政的基本条件就是应该能独立思考和大胆批判。一次子路问孔子，如何来"事君"？孔子回答说：一要诚实，其次则是要敢于"犯之"。所谓"犯之"，就是"犯颜谏争"，勇于批评朝政的得失。再深一步说，做大臣的理应具有批判精神。

　　孔子不仅这样说，他自己也是这样做的。孔子的批判精神，突出表现在以下三个方面：

　　其一是对当政者的批判。

　　孔子认为当政者应对社会秩序承担责任。所以面对越来越乱的社会礼制秩序，他对当时的执政者，表示出强烈的不满。有一回子贡问孔子,当下的各国执政者表现如何? 孔子以很轻蔑的语气回应说:咦,你怎么问起他们了? 那些人只是些卑劣小人,"斗筲之人,何足算也"。"斗"与"筲"都是当时的量具,前者容十升,后者容一斗二升。孔子这里以斗筲作喻,以示他们气量之小,见识之浅,人格之卑微。很显然孔子是很瞧不起他们的。

孔子之所以痛斥当时的执政者为"斗筲之人",也是有其理由的:

一是执政者"不正"。季康子问政于孔子,孔子就特别强调:"政者,正也。子帅以正,孰敢不正?"文中的"正",孔子未有明指,其大意可能是孔子所向往的周礼和仁政与社会公平。从文意可测,在孔子眼里,执政者未能"帅以正",所以孔子大声督促他们要"正"。

二是执政者"不仁"。又有一次季康子问政于孔子,说如果我处死那些违法乱纪的人,而善待那些守法的人,这样行政应该不错吧。孔子一听不高兴了,说你当政治国,为什么要大开杀戒? 你只要以身作则,努力向善,人民就会跟你学好的。马厩失火,孔子问是否伤到人,而不问马的死伤,孔子是非常敬畏人的生命的;而季康子动辄以杀人来突出、炫耀其权力,对此孔子又岂能不痛加批驳呢?

三是执政者贪权恋位。孔子就曾这样批评鲁国政坛元老臧文仲,说他是"窃位者",翻译成今天的话,就是占着位子不干活。孔子为什么这样说呢? 因为臧文仲明知鲁国大夫柳下惠贤明,却不给他官位和职权。孔子这样说,显然与其尊贤使能的政治观点有关,但也表明孔子对当时政坛嫉贤妒能风气的痛恨。

四是执政者耽于女色。从《左传》等先秦文献中可以看到,春秋时统治阶级十分荒淫,上下相淫、左右相乱,此类记载,史不绝书。对执政者的好色,孔子亲身经历的有两次。一次是在卫国时,卫灵公与其宠爱的夫人一起坐车招摇过市;另一次是在母邦鲁国。齐国为阻止鲁国的中兴,派人送来了一队"女乐",让主政者季桓子享受。季桓子果然难过美人关，一连三天不上早朝，不问政事。这使孔子绝望不已，遂决意离去。这些经历使孔子深感"治人者"的好色，于是有"吾未见好德如好色者也"的感叹。

五是执政者放纵私欲，破坏礼制。从《论语》的内容来看，孔子是力主维护有序的社会生活，主张上下严格的等级。所以当齐景公问政于孔子时，孔子就认为国家政治的核心是"君君、臣臣、父父、子子"的有序有例，且各安其序。齐景公从维护自身统治利益出发，夸赞孔子说的好，并称如果天下大乱，即使我有满仓的粮食，也还是吃不到太平饭的。鲁哀公十四年，当孔子听说齐国大夫陈成子杀害齐简公时，孔子非常严肃地沐浴更衣，然后上朝请求鲁哀公发兵征讨陈成子。

孔子认为理想的社会秩序是天子管理天下的礼乐制度和军事，这是天下大治的表现；而天下大乱则是天子这一权力被诸侯所窃取，即所谓"天下有道，则礼乐征伐自天子出；天下无道，则礼乐征伐自诸侯出。"不过孔子警告，如果诸侯窃权，是不可能维持到十代的；而如果大夫窃权，则难以维持到五代；如果大夫的家臣僭越而窃取国家的权柄，也不可能维持到三代。孔子这一说法表明，在孔子看来犯上作乱，是必然要失败的。

正是从维护社会秩序的理念出发，孔子尖锐批评当时一些权臣的非礼犯分的行为。如对管子，孔子虽然很赞赏他九合诸侯，以及保持和光大华夏文明的成绩，但对他破坏礼制等级，仍不能容忍，批评他见识不远，持己不俭，广收租税，政府中养了很多冗员；又守礼不严，身为卿大夫，屋宇起居设施却仿照诸侯。

对于鲁国大夫季孙氏，孔子更有多多不满。"孔子谓季氏：八佾舞于庭，是可忍，孰不可忍也。"（《论语·八佾》）所谓"佾"，是当时歌舞时的一种队列，一般天子用八列，诸侯是六列，大夫是四列，士最少，是二列。季孙氏身为大夫，却冒用天子之乐舞，这当然是严重的违规。故

当代祭孔八佾舞表演

孔子说这种事如果允许,天下还有什么事不能允许的呢!与季孙氏的用"八佾舞"相类似,鲁大夫孟孙、叔孙、季孙氏三家,在祭祖时也违规咏唱天子才可唱的《雍》,季氏竟然也去祭祀只有天子才有资格祭祀的泰山。

凡此种种的行为,无论是无知妄作,还是有意的僭越,在孔子看来都是对社会礼制的不尊重和肆意颠覆,是执政者贪婪和狂妄的表现。故孔子痛骂他们为"斗筲之人"。

二是批判世风,指责当时道德状况的没落。

孔子对其所生活时代的道德状况非常不满。孔子曾说过这样一段话:"子曰:不有祝鮀之佞而有宋朝之美,难乎免于今之世矣。"文中的祝鮀为卫国大夫,口才出众,能言善辩。宋朝为宋国公子,貌美绝伦。"佞",意为巧言利口。这句话的意思是说,生活在当今社会,如果长得不漂亮，或者缺乏能说会道的本事，那就会处处碰壁的。显然，在孔子看来，当时的社会风气是注重外表和形式的，是浮躁的，也是浅薄的，"子曰：已矣乎！吾未见能见其过而内自讼者也。"这种缺乏"自讼"，即不能自省的社会现状，正是此虚娇世风的体现。

三是对鬼神迷信思想的批判。

周以降，随着"天命有德"观念的滋生和蔓延，人们对天命鬼神的绝对主宰地位开始动摇，出现了诸如"吉凶由人"，"天视自我民视，天听自我民听"以及"民为神之主"之类的思想。不过，春秋时期，天命鬼神的影响仍然是很大的。孔子所生活的鲁国，尤其重天命鬼神。如穆姜搬家，为求吉利，特地先以《周易》占筮。叔孙穆子和成季的出生，都占筮，而且成季出生时，鲁桓公先龟卜，后又占筮。

孔子虽然也讲"天"、"天命"和"命"，不过总体上看，孔子谈论它们的次数还是比较少的，据统计，大概只有二十次。相对的，孔子论"仁"达一百余次。所以弟子们说，很难听到孔子讲"怪力乱神"，关于"性命、天道"之类的神秘的东西，也很少听到孔子讲。从此也不难看出，孔子是注重现实世界的，对超验神秘的东西不感兴趣。

即使孔子也讲"天"、"天命"和"命"，但其间较少神秘性，他主要是在自然和必然性意义上谈论它们的。前者如"天何言哉，四时行也"之类，后者如"五十而知天命"之类。有时候孔子也赋予"天"、"天命"和"命"以一种道德性，成为人间正义理想的一种投射，成为至善的一种代表，如"获罪于天"，"天生德于予"等，都是此类意思。实际上从《论语》一书来看，孔子所谓的"天"、"天命"和"命"，主要是一种道德化身的意义。

因为对"天"、"天命"和"命"是如此认知，所以孔子对那些神神怪怪的东西，不愿多谈，敬而远之，更不相信它们的神奇作用。有一次弟子季路问孔子，如何对待鬼神。孔子回答说：与人打交道还没学好，谈什么侍候鬼神的事？又有一次，有学生问孔子有关死亡的问题，这实际上还是牵涉到鬼神的事，孔子还是采取避而不论的态度，他说："对现实的人生还未理解透，又何必谈论什么死亡的事呢？"正是基于这种对鬼神的淡漠态度，孔子反对弟子欲厚葬颜渊，而主张薄葬，虽然从个人感情上说，孔子是很喜爱颜渊的。

　　孔子之所以能持这样一种天命鬼神态度，与其理性主义的立场是密切相关的。他大力宣扬学习的重要性，认为生而知之是极少数，大部分人必须通过学习来获取知识；他还提倡"学而思"，倡导宽容讨论的精神，摒弃成见和故步自封，即"毋必、毋固、毋我"；他尤其呼吁"知之为知之"的诚实态度，对不懂的东西就不应下结论，或妄加解释。所以孔子一再说，要"多闻阙疑，多见阙殆"，并强烈坚持"君子于其所不知，盖阙如也。"

　　正是本着这一理性主义的立场，孔子主张祭祀只是一种仪式，并非真的有神灵在，"祭如在，祭神如神在。"孔子对当时的一些鼓吹"怪力乱神"的现象，进行了批评。古人相信，占卜用龟，越大越神。当时鲁国的重臣臧文仲就迷信龟卜，他在家里养着一只大龟，还为之修建了一个豪华住所。孔子认为臧文仲的做法是不明智的，实际上是批评他迷信鬼神的不当。又如，孔子病重时，子路请求以祈祷来祛病。孔子说：这有益吗？子路说：有益，古书上就有记载，古人常用。孔子说：可我早就祈祷过了，这病怎么还不好呢？婉言谢绝了弟子为他求神拜鬼。相反，孔子对那些不信鬼神的行为，则大加表扬。据《左传·哀公六年》载，楚昭王病重时，就拒祭神治病，孔子听说后，特别地称赞他"知大道"。

（二）孟子的"好辩"

　　先秦诸子中，孟子更以"好辩"著称。其犀利的论锋展现出孔孟儒学中洋溢着的社会良知。

从《孟子》一书来看,孟子坚持自己的做人准则和行事风格。如当时有位叫匡章的名士,"通国皆称其不孝",但孟子却"从之游,又从而礼貌之"。又比如在葬礼上,孟子无视当时通行的礼制,而是根据自己的经济状况,厚葬母而薄葬父。孟子的不循常情,使时人侧目,更引起一些人的讥刺。如鲁平王的嬖人臧仓,就以孟子葬父薄、葬母厚为由,攻击孟子并非"贤者",并劝阻鲁平王打消见孟子的念头。

孟子蔑视权势,宣扬士"尚志",并征引曾子之言道:"彼以其富,我以吾仁;彼以其爵,我以吾义,吾何慊乎哉!"正是本此"无慊"的道德自足,孟子认为王公大人没什么可畏惧的,"说大人,则藐之,勿视其巍巍然。"孟子还鼓吹"不召之臣",他以齐桓公不召管仲为例,引申说:"管仲且犹不可召,而况不为管仲者乎!"甚至对天子的权威,孟子也予以鄙视,他所比喻的舜为救父而视天下为"弊屣"的故事,就生动说明他对"普天下之下,莫非王土"的天子权威的不屑一顾。如果说这不是冒犯"治人者"的话,也是很大的不敬,由此遭到他们的嫉恨,也就在所难免了。

孟子不仅蔑视权势,而且更大胆地批判权势。时人都感叹孟子"好辩",但孟子对此不以为然。不过通观《孟子》一书,孟子确实好臧否人物,不惧权势,不赦名流。其论锋所指,首当其冲的是各国诸侯。孟子一上来就痛斥他们是"罪人":"五霸者,三王之罪人也。今之诸侯,五霸之罪人也。"梁惠王更成为第一个抨击目标。孟子数落他,路有饿莩而不知救济,狗彘食人食而不知反省,沉迷一己"独乐"而不能与民"同乐",孟子愤怒地指责他"率兽食人",是"不仁者"!对齐宣王,孟子也毫不客气地批评他"独乐"而不与民"同乐",并警告齐宣王,为民父母而使人民"冻馁",甚至"转死于沟壑",就失去了治理国家的资格,人民有权"弃之"。这番话说得齐宣王很不自在,以致"王顾左右而言他"。孟子还主张,对有"大过"之君、"贵戚之卿"就直接有权换掉他。史称齐宣王闻此,"勃然变乎色",看来齐宣王内心是受到了极大的冲击与震动。

其次是对握有大权的各国大夫,孟子也一概斥之为"罪人"。"今之大夫,今之诸侯之罪人也。"因为他们主张辟土地、充府库,迫害人民,是助纣为虐的帮凶,所以孟子又称他们是"民贼":"今之所谓良臣,古之所谓民贼也。"如曾相魏的白圭,是当时的名臣,自视甚高,自以为比大禹还会治水,孟子则毫不留情地揭露,说他的治水,实质是以水为战,不是造福人民,而是祸害他国人民,"禹之治水,……以四海为壑,今吾子以邻为壑"。当时慎子以善用兵著称,鲁国起用他为将军,孟子听说后则大泼冷水,说这人为辟土地而驱民打仗,实是残害人民,而"殃民者,不容于尧舜之世"。这席话刺得慎子很不高兴,"慎子勃然不悦曰:此则滑釐所不识也。"慎子之怒,正显现了孟子批评的尖锐。

其三是对当时许多智者的主张,大不以为然。春秋战国之际,诸子蜂起,百家争鸣,各欲以其说易天下。孟子对他们的言说斥之为"诐辞"、"淫辞"、"邪辞"、"遁辞",并讽刺他们"以其昏昏,使人昭昭"。孟子对影响甚大的杨、墨尤其不满,批判也更为激烈:"杨氏为我,是无君也。墨氏兼爱,是无父也。无父无君,是禽兽也!"对其他学者,孟子也多持咄咄逼人的批判态度。如对颇有影响的许行"神农之言",孟子既斥之为"南蛮𫛞舌",又抨击之为"非先圣之道"。对于欲以利害大小来说服秦楚弭兵的和平主义者宋钘,孟子讥之为"先生之志则大矣,先生之号则不可"。对于墨子后学夷之,孟子反对他的薄葬主张,甚至还拒绝和他会面。

由此可见,孟子骂王侯、斥大夫、弹学者,举凡其时的"治人者"及"劳心者",大都成为其批判的对象,难怪时人都以为孟子"好辩"。因为孟子激烈而尖锐的言词,不能不遭到其批评对象的不满与怨恨。如据《史记·孟子荀卿列传》记载,曾多次受到孟子训斥的梁惠王,就以为孟子"迂远而阔于事情"。四处树敌的孟子,遭心怀嫉恨者的中伤,也自是不可避免。

尽管孟子并不认为自己"好辩",但从上述看来,孟子确实好臧否人物。那么是什么刺激孟子难以保持沉默而"好辩"呢?其原因主要有以下几点:

首先是当时"争地以战,杀人盈野"的残酷战争,促使孟子亟亟反战,高调抨击一切好战分子。

其次是人民的苦难,使孟子不能不辩。战争不仅夺人性命,还使人民挣扎于水深火热之中,孟子认为,"民之憔悴于虐政,未有甚于此时者也。"

其三是"邪说"泛滥,三代以来的文明出现了"危机",使孟子不能不辩。

孔子的"不可忍",孟子的"好辩",实在是他们与那个时代在抗争。他们在批判现实中所表现出来的勇气、情怀与境界,生动展现了作为仁者的历史责任感和良知,展现了作为智者的前瞻眼光,以及作为儒者对人类命运的深切关怀。

九、为仁由己

　　孔孟儒学中洋溢着一种活力,一种主动性和进取精神。虽然孔、孟也讲"天"与"天命",承认个人与社会整体存在着一种不可抗、也不可知的某种必然性,但孔、孟并未因此向命运低头,并未在此必然性面前毫无作为、束手待毙,相反,极为强调奋发向上、求仁在己,甚至高调宣扬"知其不可而为之"!

(一)孔子的"人能弘道"

　　从《论语》《史记》等可靠文献记载来看,孔子是尊重,甚至敬畏客观法则的。孔子曾在河边,面对奔涌而去的流水,感叹"逝者如斯夫,不舍昼夜!"这显示孔子承认事物的发展具有规律的,就如这奔流而下的河水一样,势不可挡。孔子还说过这样一句话:"谁能出不由户,何莫非斯道也。"这里的"门户"显然是个比喻,暗示人们的社会活动得遵循一定的规则,就像进屋必经过门户一样,这就是"道"。这实际上表明孔子认为人是不能为所欲为的,只能依道而为。但是,在循道的同时,孔子也大力倡导"有所为"。

　　1."知其不可而为之"

　　孔子是位不服输、不怎么认命、勉力而为的人物。他一生为实现理想,奔波、游说十余国,甚至厄于陈、蔡,连弟子都有"君子亦有穷乎"的怨言,更有时被人奚落为"丧家狗",但孔子自己始终不放弃追求,虽偶也感叹时运不济,但一直求索不已。孔子曾感叹世人对自己不了解,但他还是"不怨天,不尤人,下学而上达"。孔子虽然也流露过些许不被理解的寂寞和不满,但仍然强烈地展现出其"下学上达"的有为气魄。孔子还半自道、半期许地说过,他是一个不知自己已慢慢老了,但还在不断发愤追求的人。

可能正因为孔子一生凄凄惶惶,到处奔波,以至连看门的人都知道了孔子席不暇暖的忙碌劲,所以才有下面这段对话:

> 子路宿于石门。晨门曰:奚自?子路曰:自孔氏。曰:是知其不可而为之者与?(《论语·子路》)

"知其不可而为之"一语,生动而深刻地揭示了孔子在时人心目中不畏命运、奋发有为的顽强形象。尽管在语义上,"知其不可而为之"有点蛮干的意思,但综观《论语》,孔子并非是个蛮不讲理的人,相反,他是倡导"毋固、毋必"的理性精神的。

2. "人能弘道"

孔子倡仁学,重视人。马厩失火,他问人不问马;他还愤怒地抨击以人俑陪葬的人断子绝孙,因为其"像人而用之"。从《论语》等历史文献资料来看,孔子是认识到人作为世界的精灵,具有改造世界的能力和创造性。

孔子说过这样一句著名的话:"人能弘道,非道弘人。"其中的"能"字,既赋予了人任重道远的责任,又大大突出了人的主观能动性和创造性。孔子还以"鸟能择木"比喻人之"弘道"的必然性。卫国孔文子欲进攻太叔,问策于孔子。孔子对此很不满,就什么也没说,并随即返回鲁国,走前还说了这样一句话:"鸟能择木,木岂能择鸟乎?"木是不迁之植物,而鸟是能自由飞翔的动物,这种动、静之间所形成的鲜明对比,就暗示出人不是被动的,而是能动的主体,他是能够自由而主动"选择"的,即应有所作为的。

不仅是"弘道",有时候孔子还认为,人的努力是能够影响、甚至左右国家命运的。卫国灵公残暴昏庸,但他有三位贤明的大臣——"仲叔圉治宾客,祝鮀治宗庙,王孙贾治军旅",所以国家赖以不乱、不亡。这里孔子既流露出"尚贤"的思想,又表现出人的主观努力是能够改变国家命运的观念。

在孔子看来,人不仅能够作为,而且也是应该有所作为的。因为人类所肩负的历史使命与社会责任,决定了人必须奋发有为,敢于担当。"曾子曰:士不可以不弘毅,任重而道远。仁以为己任,不亦重乎?死而后已,不亦远乎?"(《论语·泰伯》)这句话虽然是弟子曾子说的,但与孔子的教育是密切相关的,它也体现并反映了孔子的思想。

孔子讲学图

人能弘道,也应该弘道,所以孔子重视"行",倡导有为。据《论语》记载,孔子主要从"文、行、忠、信"四个方面教育弟子,"行"是其间的重要内容之一。在孔子看来,对于一位君子来说,"行"是最为基本和首要的。"子曰:弟子入则孝,出则悌,谨而信,泛爱众,而亲仁。行有余力,则以学文。"文中"行有余力,则以学文",则明确提示,要紧的是去做,在做的基础上,若有余暇和余力,然后再去"学文"。其实在孔子看来,"君子"最显著的特点就是主动的实践精神。"曾子曰:可以托六尺之孤,可以寄百里之命,临大节而不可夺也。君子人与,君子人也。"文中的"托"、"寄"与"临",正是关节点上的关键行为,这才是君子的品质。

平时孔子也经常和弟子们讨论"行"的问题。如"子张问行",又如子贡问"何如斯可谓之士矣",这实际上也是在请教孔子,如何去做才能成为一个士。又再如子贡问如何才能成为一个君子,"子曰:先行其言而后从之"。所谓"先行其言",即先做然后再说,这显然是鼓励"行",鼓励有所作为。孔子认为,只有努力去"行"的学生,才是一个好学生。"子曰:君子食无求饱,居无求安,敏于事而慎于言,就有道而正焉,可谓好学而已。"文中的"敏于事",正是积极肯干的意思,也是乐于去"行"的意思。

从孔子与其弟子所讨论的"行"来看,显然都是社会实践的问题,都是积极努力去做的问题。孔子鼓吹"行",本质上是号召弟子们发挥主观能动性,努力干出一番事业。所以当子张问何谓仁时,孔子就叫他从"恭、宽、信、敏、惠"五个方面来做,"孔子曰:能行五者于天下,为仁矣。"樊迟问什么是仁的时候,孔子也是强调在实践中求索,"子曰:居处恭,执事敬,与人忠。虽之夷狄,不可弃也。"

正因如此,孔子对无所作为、消极度日的颓废态度很是不满。这也是孔子批评当时社会道德状况的一个重要原因。"子曰:我未见好仁者,恶不仁者。……有能一日用其力于仁矣乎?我未见力不足者。有之矣,我未之见也。"文中"我未见力不足者"一语,正表现出孔子对时人不思进取、耽于空谈的愤恨。

弟子宰予白天睡大觉,遭到孔子的痛斥。"宰予昼寝。子曰:朽木不可雕也,粪土之墙不可圬也,於予与何诛!"(《论语·公冶长》)孔子是深爱弟子,所以痛心于弟子浪费大好时光,无所作为。

3."为仁由己"

孔子的"有为"思想,还鲜明地体现在其"为仁由己"的命题上。"颜渊问仁。子曰:克己复礼为仁。一日克己复礼,天下归仁焉。为仁由己,而由人乎哉?"(《论语·颜渊》)追求道德的完善(为仁),并非是他人外在强加的任务,而是我内在的需求,也是我应主动、自觉完成的使命。由此看来,孔子所谓"为仁由己",正突出地反映出其"有为"精神的高度自觉性。

《论语》中洋溢着这种"由己"的呼声。如"子曰:君子求诸己,小人求诸人";又如"子曰:躬自厚而薄责于人,则远怨矣。"不论是"求诸己",还是"躬自厚",都是强调我的主动担当和主动实践,不诿过于环境与条件,也不推诿于他人。

概要说来,"为仁由己"大致包含了以下几层含意:

其一,强调主动性。人固然是有"弘道"的能力,但一个人愿不愿意成就自己,最终还要看他努力不努力。人的"有为"与"不为",关键是看他的主动性如何。孔子大力呼吁这种主动性,"子曰:仁远乎哉?我欲仁,斯仁至矣。"在孔子看来,人离"仁"是很近的,只要你努力去争取,你就会获得"仁",这显然是鼓励人们发挥主观能动性。诸如"见贤思齐焉,见不贤而内自省也",又如"里仁为美,择不处仁,焉得知"等等,其间所谓"内自省",所谓"择",都显示了孔子对道德实践主动性的宣扬。

其二,追求自我完善。所谓"为仁由己",即意味着主动而自觉地追求道德之善,"我欲仁,斯仁至矣";意味着乐观进取,"发愤忘食,乐以忘忧,不知老之将至云尔";意味着严于律己,"躬自厚而薄责于人";意味着时刻坚守君子风范,"君子无终食之间违仁,造次必是,颠沛必于是。"要之,孔子的"由己"之学,实也就是自为之学,即在人生的价值目的上,主张"我"就是目的,而不是达致其他什么的手段,因而也就不必为迎合他人、社会而刻意的装扮、粉饰自己,相反,只求本色的、本然的存在,所以孔子主张君子"不伐善",主张追求自我的完善。

其三,提倡改变自己。孔子虽然没有明确说过类似的话,但从其论述中,却能看出这一点。佛肸为晋大夫赵氏之中牟宰时,发动了叛乱,他请孔子过去为其帮忙。孔子想前往,子路不高兴,以为孔子要是过去了,即是帮助犯上作乱。孔子为自己想去中牟作辩解,说因为要吃饭,所以要找活干;并称"不曰坚乎,磨而不磷;不曰白乎,涅而不缁",表现出孔子出淤泥而不染的自信,在孔子看来,人有能力驾驭好自己的命运,人不是墙头草,哪边风来往哪边倒的,人是有主观能动性的,能自觉抵御外界的影响,保持自己的本色,并按自己的意志选择生活的方向。

类似的思想,在《论语》中时常可见。如"子曰:德不孤,必有邻"。这句话的意思是说,如果你品德优越,就会有人喜欢你,与你交往,你就不会孤单。其潜意是,如果你努力提升自己,就会被社会所认同。另外像"子曰:君子怀德,小人怀土"也显示出在孔子看来,人的发展趋向完全在于自己的努力,即如上文所论,"怀德"即为"君子",而"怀土"即为"小人"。所以,"子谓子夏曰:女为君子儒,无为小人儒。"这里孔子就告诫子夏,应努力向好的方向发展,努力成为一个品德优秀的人。

其四,"为仁"不仅要果断、坚定,还要趁早,不要明日复明日地拖拉。"子曰:年四十而见恶焉,其终也已。"类似的话孔子还说过,"四十、五十而无闻焉,斯亦不足畏也。"前者是说,如果一个人到了四十,还不断暴露出缺点而招人厌恶,那么也真没什么大出息了。后者是说如果一个人糊里糊涂、稀稀松松地过日子,到了四十、五十没有一点好名声,也没做出什么业绩,那么他这一辈子也就算了。孔子自称三十而立,四十而不惑,五十就知天命了。弟子曾子也说过:"五十而不以善闻,则不闻矣。"看来孔子是希望在中年以前,人就应在道德文章上做出成绩,换句话说"为仁"的实践应早,不宜迟。

刘邦祭孔图 公元前195年,汉高祖刘邦经过鲁地,首开皇帝祭孔之先河

其五,"为仁"要彻底。孔子还以为,"为仁"不仅要抓紧,而且还要追求尽善尽美。"子曰:譬如为山,未成一篑,止,吾止也;譬如平地,虽覆一篑,进,吾往也。"(《论语·子罕》)这里孔子所强调的是防止功亏一篑、半途而废,相反要将主观能动性发挥到极致,追求最后的成功。所以孔子倡导做事情,要做得圆满与成功。"子曰:苗而不秀者有矣夫。秀而不实者有矣夫。"(《论语·子罕》)所谓苗,就是谷物始生之态,所谓秀,就是谷物开花之态,所谓实,就是谷物成熟之时。孔子批评生活中的"苗而不秀,秀而不实",正是不满其浅尝辄止,不满其不能"为仁"到底;相反,孔子是主张"苗而秀,秀而实"的,是主张彻底地"为仁"的。

（二）孟子的"强恕而行"

孟子完全继承了孔子"人能弘道"的思想,而且更加强调主观能动性,可以说孟子给孔孟儒学增添了更多、更强烈的"有为"品格。

1. 不能"揠苗助长"

孟子高调宣扬主观能动性,同时,也十分重视尊重客观规律。通观《孟子》一书,我们不难发现,孟子一再强调,事物的存在和发展都有其不可或缺的条件和不可违背的规律。

孟子认为,万事万物的存在和发展都离不开一定的环境和条件。他曾这样比喻说:牛山上的树木曾经很美,但因为太靠近大国,故常被砍伐。虽然树木日夜不息地生长,又有阳光雨露的滋润,不断有新芽萌生,可终究经不住牛羊的啃咬,所以山还是显得光秃秃的,很丑。但这并非是山的本来面貌,是因为树木生长丧失了其基本的条件造成的。由此孟子推论,事物的存在和发展离不开适宜的环境和条件。他说:"故苟得其养,无物不长,苟失其养,无物不消。"文中所谓的"养"正是这种环境和条件。孟子又以种小麦为例,说地块相同,种植时间也相同,而收获却不同,这是为什么呢? 原来是"地有肥硗,雨露之养、人事之不齐也。"因此,孟子总结说:"虽有天下易生之物",如果一天暴晒它,十天冷冻它,也不可能成活。

事物的存在和发展离不开相应的条件。同理,事物的规律也是客观的,是不可违背的。"王知夫苗乎? 七八月之间旱,则苗槁矣。天油然作云,沛然下雨,则苗渤然兴之矣。其如是,孰能御之。"(《孟子·梁惠王上》)文中的"孰能御之"一语,意为农作物在适宜条件下的生长,是必然的,其内在的规律也是不可阻挡的。孟子设喻的宋人"揠苗助长"的故事,生动地说明了这一点。宋人心忧其田里的苗长得慢,就将苗往上拔了拔。后来他儿子去看了一看,发现苗都枯死了。孟子引申道:"助之长者,揠苗者也。非徒无益,而又害之。""宋人"违背了庄稼生长的规律,欲人为地加速,这不仅没有"助长",反而害死了"苗",使其枯萎了。孟子还以"离娄之明,公输子之巧,师旷之聪"为喻,说明只有遵循规律,才能有所收获,有所成就。离娄,是远古一位眼睛极为明亮的人。公输子,即鲁班,相传为木匠的始祖,心灵手巧。师旷,古代著名的乐师。在孟子看来,即使这些专业技术极为高超的人,也同样离不开各自领域相应的规律,必须遵循这些规律才能有所创造、有所收获,即"不以规矩,不能成方圆;不以六律,不能正五音"。

事物的存在和发展,有其不可缺少的条件,人也是这样。孟子认为人虽为天地之灵杰,其生存和发展同样受生存环境的影响和制约。孟子以学语言来举例,说楚人入齐,时间一长,必然会齐语。不仅学语言如此,孟子认为生活环境对人的气质、品德也有着极大的拴塑作用。一次孟子从范国来到齐国,"望见齐王之子,喟然叹曰:居移气,养移体,大哉居乎!"文中所谓的"居移气,养移体",是说人的生存环境与生活条件能够改变其道德状态。文中结尾"大哉居乎"的感叹,更展现出孟子对生活环境对道德影响的高度认可。因此,孟子认为丰年和灾年人们的道德状况是不同的,而这种不同背后的原因,正是社会条件的变化。"孟子曰:富岁子弟多赖,凶岁子弟多暴,非天之才尔殊也,其所以陷溺其心者然也。"

其实不仅是"齐王之子",孟子认为即便像尧舜那样的圣人,也摆脱不了环境的影响。他说,如果让舜"居深山之中,与木石居,与鹿豕游",那么他就会与"深山野人"很相似;而如果让他"闻一善言,见一善行",那么他立即就会见贤思齐,成为品德高尚的伟人。

2."王无罪岁"

规律固然不可违背,但孟子认为规律是可以认识和加以利用的。"不违农时,谷不可胜食也;数罟不入洿池,鱼鳖不可胜食也;斧斤以时入山林,材木不可胜用也。"文中的"不违农时",就是尊重农作物的生长规律;"数罟不入洿池",即是遵循鱼类生物的生长规律;"斧斤以时入山林",即是尊重树木生长的规律。而这种尊重的结果,则是"谷不可胜食","鱼鳖不可胜食","材木不可胜用"。显然,在孟子看来,人类在自然规律面前并非是一筹莫展的,相反,是能够有所作为的,关键是要在事物存在和发展的关节点上理解并把握其本质与规律。"齐人有言曰:虽有智慧,不如乘势,虽有镃錤(旧时农具,似今锄头),不如待时。"(《孟子·公孙丑上》)文中的"乘势"与"待时",所言的正是这种关节点;而这种关节点的选择本身,正说明了人在自然规律面前的一种主观能动性。

孟子常用"能"与"不能"来揭示这种能动性。孟子认为,人在客观世界面前,确实好多事情是做不到的;但是经过努力,人又是能够做好许多事情的。但是如"挟泰山以超北海",即将巍峨的泰山搬到大海里去,孟子说:"语人曰'我不能',是诚不能也。"而有些事情却是人能够做的,如"为长者折枝",即为老人用树枝做个拐杖。孟子这里辨析"能"与"不能",其直接目的固然是为动员、鼓励梁惠王等统治者,努力实行"仁政",劝导他们行"仁政"是不难的,只要努力去做,是能够实现的。"孟子曰:待文王而后兴者,凡民也。若夫豪杰之士,虽无文王犹兴。"等待周文王那样的圣君出现才奋发的,是平凡的人,至于杰出人物,即使文王没有出现,也是能奋发有为的。

正是出于对人的主观能动性的高度肯定,所以孟子对无所作为、自暴自弃非常痛恨。"孟子曰:自暴者,不可与有言也;自弃者,不可与有为也。"所谓"自暴"与"自弃",即放弃追求,安于本能、低俗的生活。而在孟子看来,人是能够完善自己的。

由推崇人的主观能动性出发,孟子不仅提出了道德批判,还提出了政治批判。他警告当时的统治者们,不要以种种理由和借口,来推诿和拖延实行"仁政"。为此,他提出了一个著名的命题,即"王无罪岁"。他说:"狗彘食人食而不检,涂有饿莩而不知发,人死,则曰:非我也,岁也。是何异于刺人而杀之,曰:非我也,兵也。王无罪岁,斯天下之民至焉。"(《孟子·梁惠王上》)这里孟子强调,统治者不要将社会的苦难和人民的灾难都推给老天爷,而应当主动承担起自己应尽的责任,积极行动起来,纾解人民的痛苦,增进人民的幸福。表面上看,孟子这里讲的是国家的治理,讨论的是政治家的社会责任,但其间所透现的却是对人的主体性与能动性的呼唤和期盼。

3."尽心、知性、知天"

人在自然法则面前,为什么能有所作为呢?孟子认为这是因为人能认识并把握自然规律,即"尽心、知性、知天"。文中所谓"心",亦即人的思考能力;所谓"性",即人和世界的本质与内涵;而所谓"天",意指一种必然性的法则。显然,孟子这里强调,只要充分发挥人的理性精神,是可以认知事物的本质的,进而也是可以把握自然规律的。所以孟子坚信:"万物皆备于我矣。反身而诚,乐莫大焉。强恕而行,求仁莫近焉。"

所谓"乐莫大焉",显示孟子对人的主体能力是极为坚信的。他认为即使一千年后日食是哪一天,人只要坐在那里,算一算就可以得知。"孟子曰:天之高,星辰之远也,苟求其故,千岁之日至,可坐而致也。"孟子反对"凿",即不循规则的玩弄小聪明,他欣赏如大禹治水一样,尊重并善用自然法则,实现人与自然的和谐相处。孟子认为这才是大智慧。

4."良知"与"良能"

那么人为什么有如此巨大的认识与把握世界规律的能力呢?孟子分析说这是因为人有一种与生俱来的理性能力,他称之为"良知"与"良能"。孟子曰:"人之所不学而能者,其良能也;所不虑而知者,其良知也。孩提之童,无不知爱其亲者,及其长也,无不知敬其兄也。"从引文来看,这种"良知"与"良能",实际上是人在社会生活中所获得的一种能力,是人之为人所表现出的一种优异的禀性。

5."自求多福"

正因为孟子认识到人有超强的理性能力,所以他认为人不仅能认知客观世界,而且也完全有能力改造自己,有能力把握自己的命运。故在"天时、地利、人和"三要素中,孟子最强调"人和",亦即人对自己命运的决定性意义。孟子曰:"天时不如地利,地利不如人和。"出于这种肯定,孟子高调宣扬"自求多福"。他引用《诗经》中"永言配命,自求多福",《尚书·太甲》中的"天作孽,犹可违,自作孽,不可活"等古训,反复说明"祸福无不自己求之者",强调祸福不是天降,而是自取,"夫人必自侮,然后人侮之;家必自毁,而后人毁之;国必自伐,而后人伐之"。这些文字都明白地表达了这一思想:人的命运完全决定于人自己,人完全有能力掌控自己的命运。这里已完全看不见天命鬼神的主宰作用了,孟子将世界完全还给了人,人成为能动的精灵。

孟子虽然也承认"命",即承认一种不可言状的必然性,但孟子仍然认为人可以努力,以避免坏的"命",求好的"命",即求得"正命",避免"非命"。这就深刻地展示了人如果发挥能动性,即可"自求多福"。

6."人皆可为尧舜"

孟子的"有为"思想,除弘扬人认识与改造客观世界的能力外,还特别倾心于人的道德圆满性的追求。孟子比喻说"为仁须熟"。孟子曰:"五谷者,种之美者也,苟为不熟,不如荑稗。夫仁亦在乎熟之而已矣。"这儿的"熟",即为达到完美状态的意思。从文意可以看出,如果"为仁"不到达这一境界,孟子以为是不成功的。孟子还以"掘井"为例,说明道德实践彻底性的重要性。孟子曰:"有为者辟若掘井,掘井九仞而不及泉,犹为弃井也。"挖井为求水,如果挖了很深,还见不到水,就不应停止,而应继续推进。孟子以此暗示,"为仁"不应半途而废,更不应徒有虚名,而应追求德性和品格的真正提升。

在孟子看来,这种提升的理想目标就是"如舜",即像舜一样成为圣贤。于此孟子论述道："君子所以异于人者,以其存心也。……君子有终身之忧,无一朝之患也。乃若所忧则有之:舜人也,我亦人也。舜为法于天下,可传于后世,我由未免为乡人也,是则可忧也。忧之如何?如舜而已矣。"(《孟子·离娄下》)孟子眼中的人,不仅要"有为",更应追求人格的完善,使自己"成人",充分展现人性的真、善、美,使自己的人格"如舜",亦即向圣人舜学习。对此,孟子十分坚持并大力提倡。有一回其弟子曹交问孟子,说是不是人人都可以成为尧舜那样的人?孟子说:不错。曹交有点疑惑地继续问道:可我听说圣人长得都是不同凡响的,如文王身长十尺,汤身长九尺,像我长得虽然有九尺四寸长,但只是吃干饭的普通人,我怎么会成为圣人呢?孟子说:能不能成为圣人,与身高等身体条件是没有关系的,与你的出身也是没有关系的。孟子认为像尧舜那样的圣人,其实都是出生在文化落后的蛮夷地区,如舜为"东夷之人",文王为"西夷之人",但后来他们凭借自己的努力,都成为历史伟人。孟子强调:一个人能不能成为圣人,关键是看他做得如何,如果能做而不做,那就一点希望也没有;如果按尧舜那样地去做,就有可能成为尧舜那样的人,成为一个品德卓越的人。这用孟子的话说:"子服尧之服,诵尧之言,行尧之行,是尧而已矣;子服桀之服,诵桀之言,行桀之行,是桀而已矣。"

孟子坚信常人变为尧舜一样高尚的人是可能的。当然,现实生活中也不可能人人都能成为尧舜,但孟子显然对人的主观能动性有着极大的期待和信任。另一方面,正如前述的"折枝为杖"说一样,孟子"如舜"之说,意在消除人们的畏难情绪,意在鼓励人们积极有为,充分发挥自身的理性精神和主观能动性,努力在实践中成就自己。

十、以道求富

孔孟儒学中对财富有许多独到而精辟的见解,这些见解不仅奠定了儒家,乃至中国传统文化有关财富思想的基础和核心,直至今天仍有借鉴的意义和价值。

(一)孔子主张"求可求之富"

总体上看,孔子对财富的持论是务实而理性的,特别是常从人伦日用的角度,基于生活化的立场来谈论财富。孔子既肯定财富,又强调必须以合道合义的方式来追求财富,饶有真切的启迪意义。

1. 财富是好东西

孔子财富观的一个核心思想,就是肯定财富,认为财富是好东西。且看《论语》中孔子是怎样讲的。

孔子认为财富是生存或者说生活的基础,用他的话说就是人"焉能系而不食"! 有一年身为晋国中牟主官的佛肸造反,他邀请孔子前往议事。孔子闻讯后准备前往,子路老大不高兴,他认为佛肸是在为非作歹,孔子不应与其同流合污。孔子为自己辩解说:他不会受佛肸行为影响,自己会出污泥而不染地保持品节。但值得注意的是,孔子还给出了另外一个自己欲成行的理由,即生存说——"吾岂匏瓜也哉,焉能系而不食?"(《论语·阳货》)言下之意,人不是"匏瓜",人要吃饭,要挣钱过日子,他是不得不赴佛肸之约。这里孔子的"匏瓜"说,虽然只为一种借喻,但所表白的"焉能不食",则非常清楚地表明,在孔子看来,人的生存欲求是不证自明的,是天然合理的。所以孔子坦称,他虽然"有教无类",但为了生活,他也要对学生收取一点资费,"子曰:自行

129

束脩以上,吾未尝无诲焉。"(《论语·述而》)

2. 富而可求也,吾亦为之

孔子强调追逐财富是人性的必然,孔子曾近乎发狠地说过一句颇为有名的话:"子曰:富而可求也,虽执鞭之士,吾亦为之。"(《论语·述而》)文中"执鞭之士",据杨伯峻先生的研究,是为市场守门人。过去偏重于强调其间的限制性意义,即财富是不可以恣意求取的,而忽视了其间的基本含意,亦即如果是正当的财富,那么再不体面的活我也不辞。从此角度这样来理解,这句话表明孔子不仅不排斥财富,而且主张财富是要追求的。孔子甚至还说过"邦有道,贫且贱焉,耻也。"(《论语·泰伯》)如果是太平盛世,你还发不了家,富不起来,那是太不应该的,其旨意分明是鼓励发家致富。所以孔子断定:"富与贵是人之所欲也"(《论语·里仁》)。

孔子之所以主张和追求财富,因为在他看来财富是人的发展和享受的必然要求。孔子不仅认为"食"是天经地义的,而且他还强调"美食"也是符合人性的要求。上引所谓的"富与贵是人之所欲也"里的"富与贵",显然是指比"足食"更好的、更为富裕的生活;而孔子承认这也是"人之所欲",实即强调追求美好生活是人的当然要求。冉有与孔子之间的这样一段对话,正显示了孔子对富裕生活的肯定:"子适卫,冉有仆。子曰:庶矣哉。冉有曰:既庶矣,又何加焉? 曰:富之。曰:既富矣,又何加焉? 曰:教之。"(《论语·子路》)虽然我们不清楚孔子"富之"的具体指标,但可以推断它应该比"足食"的状态要好些。换句话说,在孔子看来,人的生存仅仅吃饱是不够的,还应该吃好,过上丰衣足食的幸福生活。孔子自己的生活起居也表明,他是主张享受生活的。从《论语》一书的记载来看,他有自己的马车,在吃的问题上他更是"食不厌精,脍不厌细。"食物做的不好,做的不美,不值时令,没有适当的佐料,他都不吃;而且孔子也不从市场上买酒喝和买腌肉吃。看,孔子生活得的是多么讲究,他不仅不愿做"匏瓜",相反主张享受生活,讲究生活品质。

3. 富民是执政之基

孔子还主张财富是赢得民心,取得统治合法性的重要物质保障。孔子在和弟子讨论如何治理国家时,时时强调要"利民"、"足食"和"富民"。如当子张问孔子如何施政时,子答:"因民之所利而利之,斯不亦惠而不费乎。"(《论语·尧曰》)又如,"子贡问政,子曰:足食、足兵,民信之矣。"(《论语·颜渊》)再如孔子到卫国,见到市场繁荣,人口繁衍,就主张"富之"的富民政策。孔子之所以如此注重"利民"与"富民",因为在他看来这是获得民心,从而赢得人民支持,取得统治合法性的关键。此亦正如孔子所说:"天地之大德曰生,圣人之大宝曰位。所以守位曰仁,所以聚人曰财。"(《周易·系辞下传》)

过去人们过分渲染了孔子的"君子喻于义,小人喻于利"以及"为富不仁"之类的话,好像孔子是位清心寡欲的清教徒,对财富充满猜忌、甚至是仇恨。其实这与事实有很大的出入,从《论语》以及其他一些可信的先秦文献来看,孔子不是一位"仇富"的智者,相反,他肯定、甚至欣赏财富。

4. 应正当的获取财富

财富固好,但孔子也强调,如果沉迷于财富,不顾是非、正当与否地一味追逐它,则是要出大问题的。"子曰:放于利而行,多怨。"(《论语·里仁》)因此,孔子在其有关财富的思想中,又提出了一种重要主张,即君子爱财,应取之有道,亦即应正当地获取财富。前引孔子"富而可求也,虽执鞭之士,吾亦为之"的表述中,就已潜含了财富的"可求"与"不可求"的问题,而且也表明孔子是只求"可求"的财富,即主张合理、合法地谋利。从《论语》一书来看,孔子是非常关注这一问题的,并提出了区分"可求"与"不可求"的两点原则。

首先是看符合不符合"道",这实即是要求谋财不得害道。"子曰:富与贵是人之所欲也,不以其道得之,不处也。贫与贱,人之所恶也;不以其道得之,不去也。"(《论语·里仁》)这里的"道",按宋代大哲学家朱熹的注解,即为正当性,"不以其道得之,谓不当得而得之。然于富贵则不处,于贫贱则不去,君子之审富贵而安贫贱也如此。"(《四书章句集注·论语集注》)

其次是看符合不符合"义",亦即取财不能伤"义",有违"义"的"富且贵",孔子是毫不动心、毫不措意的。"子曰:饭疏食饮水,曲肱而枕之,乐亦在其中矣。不义而富且贵,于我如浮云。"(《论语·述而》)孔子还告诫学生说,君子有"九思",其中一思就是"见得思义"(《论语·季氏》),其本质与"浮云"说一样,突出临财有忌。古代的"义"有适宜、恰当的意思,文中所谓的"义",则含有当然的准则和社会美德的意涵,朱熹则以"天理"释之:"义者,天理之所宜",显然,它与"道"有相通、相近的地方,也是强调获取财富的正当性。

总之,孔子对财富的看法不矫情,也不是不食人间烟火的绝情,而是真诚而平实的。

(二)孟子主张"以道衡富"

众所周知,自视"私淑"孔子的孟子也严辩义利,《孟子》开篇就载有他教训梁惠王不要言利而要尚义,认为言利会"危国"。不过值得注意的是,尽管孟子扬义抑利,但他并非绝对的排斥利。如齐宣王说自己"寡人有疾","好货、好色";孟子认为只要王与民同乐,使民也足财富,无妻室之忧,王"好货"、"好色",就是可以理解和接受的。显然,这里孟子并没有绝对排斥人的物欲,对财富的看法也上承孔子。

1. 仕为救贫

事实上孟子也常常首肯人对财富、对利益和物质生活的追求。如孟子承认"仕非为贫也,而有时乎为贫。……孔子尝为委吏矣,……尝为乘田矣"。(《孟子·万章下》)又如:"欲贵者,人之同心也。"(《孟子·滕文公上》)"鱼,我所欲也,熊掌,亦我所欲也;二者不可得兼,舍鱼而取熊掌者也"。(同上)孟子自身的行为也表明,他对"利"持开明的态度。有一次弟子彭更问孟子,说您出访的车队庞大,有车数十乘,跟随的有数百人,"以传食于诸侯,不以泰乎?"但孟子认为自己并不过分,因为这是合理的。他说:"非其道,则一箪食不可受于人,如其道,则舜受尧之天下,不以为泰。"(《孟子·滕文公下》)

与此相仿佛的是孟子对礼金的立场。孟子在周游列国时,经常会收到馈赠,孟子有时要,有时婉拒。如宋国国君送金七十镒,薛国送五十镒,孟子都收了,但齐王送的一百镒金,他没收。弟子陈臻困惑:为何有的要,有的谢绝呢? 何者为正确呢? 孟子回答他说:"皆是也。当在宋也,予将有远行,行者以以赆,辞曰:馈赆。予何为不受? 当在薛也,予有戒心,辞曰:闻戒,故为兵馈之。予何为不受。若于齐,则未有处也。无处而馈之,是货之也。"(《孟子.公孙丑下》)按其文意显然是说,如果"有处"即有正当理由,"馈赆"是可以来者不拒的。

上述文字表明,孟子讲"义、利"之辨,但他并未将两者绝对地对立起来,更未以"义"彻底的遮蔽,甚至掩杀"利"。在孟子那里,"利"还是有其合理性的,是可以适度求取的。这与后世程朱理学"存天理、灭人欲"的主张,是有天壤之别的。这也显示孟子是食人间烟火的,他的思想是富有人情味的。这也难怪清代的戴震以注《孟子》来批判理学的禁欲思想。

2. 国家必税赋以聚财

在国家的税赋问题上,孟子既体现出实事求是的唯实立场,也表现出对财富的高度重视。史载善于理财的白圭,想施行二十取一的税率,他请教孟子这行不行? 虽然孟子主张仁政,倡导轻徭薄赋,但他认为二十取一的低税率,在"中国"是不能实行的,只有在北方夷狄之国才可以。因为夷狄之国文明水平低,国家费用少,而在文明昌盛,礼乐发达,开销巨大的"中国",如果行此低税率,则必将使国家入不敷出,固是万万实行不了的。孟子形象地比喻说:"万室之国,一人陶,是可乎?曰:不可,器不足用也。曰:夫貉,五谷不生,惟黍生之。无城郭、宫室、宗庙、祭祀之礼,无诸侯币帛饔食,无百官有司,故二十取一而足也。今居中国,去人伦,无君子,如之何其可也。陶以寡,且不可以为国,况无君子乎?"(《孟子·告子下》)可见,孟子看问题不仅仅是从理想出发,更重于从社会现实角度分析问题。在孟子看来,实用的才是好的,能解决实际问题的才是值得欢迎的,适当的税率,足够的财富是"中国"的立国之基。

3."人不是蚯蚓"

孟子肯定生活,主张"恒产"决定"恒心",日常生活离不开财富,反对不切实际,有违常情常理的过高之言和过激之行。他对陈仲子的评论,就生动显示了这一点。

陈仲子为齐国的名人,当时有"廉士"的盛誉。他出身世卿之家,两个哥哥都有万钟的俸禄,但他以为"兄之禄为不义之禄而不食也,以兄之室为不义之室而不居也",于是远离母亲和哥哥,一个人住在于陵。有一次实在弄不到吃的,饿了三天,耳朵也听不见了,眼睛也看不清了,爬到果树底下拣虫咬过的果子吃。后来他回到家里,见到有人送鹅给其兄,仲子面露愠色。母亲背着他杀了鹅,喊仲子一块吃了。兄从外面回来告诉他:这是你讨厌的鹅肉。仲子"哇"的就吐了出来。弟子匡章在孟子面前盛赞陈仲子是"廉士",不过孟子不这样看。他认为陈氏所为过于清高,过于矫情了,现实世界是根本行不通的,也是根本做不到的。

孟子反诘说:"仲子所居之室,是伯夷之所筑与,抑亦盗跖之所筑

与？所食之粟，伯夷之所树与，抑亦盗跖之所树与，是未可知也。"(《孟子·滕文公下》)

在孟子看来，陈仲子所谓的清廉，迹近不食人间烟火的蚯蚓，"仲子恶能廉？充仲子之操，则蚓而后可者也。夫蚓，上食槁壤，下饮黄泉。"(《孟子·滕文公下》)朱熹注解说："言仲子未得为廉也，必若满其所守之志，则惟丘蚓之无求于世，然后可以为廉耳。"(《四书集注·孟子》卷六)参考朱子之说，不难看出，孟子之所以不满陈仲子的举止，正在其太走极端了，离现实的人生太远了，惟有不食人间烟火，"无求于世"，方能如此廉洁，而人不是蚯蚓，人是有种种现实需要和欲求的，因此陈仲子所谓"廉洁"之举，也就是根本做不到的，在现实生活中也是荒诞的。

孟子否定陈仲子为廉，正表明孟子拒绝一切不近人情的、悖离生活常理的所谓"廉士"行为；孟子强调日常生活的意义，强调物质对生活的基础作用，肯定财富是不可或缺的。这一点也正是孔孟儒学所特别注重的，所以其宣扬的"仁政"，格外强调"富民"，其所宣扬的尧舜之治，尤其突出"民富"，其所宣扬的"恒心"，决然地要求建基于"恒产"之上。这些都可以说是孔孟儒学留给我们的极有意义的思想资源。

十一、儒如五谷

孔孟为代表的儒家所创立的儒学,切合实用,为古代社会所需要和欢迎,它不仅是一种"显学",而且更是中国古代居于统治地位的意识形态。这换句话说,中国孔孟儒学为古代中国社会奠定了基本的价值体系,历史上曾有"半部《论语》治天下"之说,生动比喻了孔孟儒学在古代中国社会的重要作用。

(一)"儒如五谷"

汉以前,孔孟儒学作为一个学派,固然就很有名,但对社会生活的影响是有限的,"亚圣"孟子的思想,还被当时的人嘲笑为"迂远而阔于事";但刘邦建立汉朝后,情形则大不同了。武帝时竟出现了"罢黜百家,独尊儒术"的文化政治局面,孔孟儒学真正成为一种统治的思想。其间的原因当然复杂,但孔孟儒学本身符合古代社会的需要,则是直接的因素。

据陶宗仪《南村辍耕录》(卷五)记载,元代曾发生过这样一件事:"字术鲁䝙子翚公在翰林时,进讲罢,上(元文宗)问曰:三教何者为贵?对曰:释如黄金,道如白璧,儒如五谷。上曰:若然,则儒贱耶?对曰:黄金、白璧,无亦何妨,五谷于世其可一日阙哉?上大悦。"

"五谷"虽比不上黄金与白璧华贵与精美,但却是人类日常生活一日离不开的,是不可缺少的。"儒如五谷"之喻,不仅形象揭示了较之释、道,孔孟儒学更切于实际,也更便于实用,是滋养古代社会不可替代的精神食粮。

考之史实,古代社会整体上是在儒家思想指导下运作的,如果说秦始皇统一六国,实行"书同文,车同轨",从而为古代中国社会提供了外在的认同标准和行为依据的话,那么孔孟儒学则为古代社会提供了内在的精神性的认同标准和价值依据。正如人于五谷一样,孔孟儒学滋养了古代社会的人心和礼乐制度。

(二)孔孟儒学的核心价值

1. 精神纽带

孔孟儒学为中国古代社会奠定了基本的是非标准,是古代社会凝聚的精神纽带。历史证明,一个社会是由众多人群形成的一个共同体,而凝聚这一共同体的,则是获得广泛认同的精神纽带。从价值取向上看,所谓社会认同,也就是对价值多元的扬弃而趋向"一是非",因为在"人各有其义"的情形下,是难以达到社会的一致与统一的,只能是人人是其是、非其非的纷争不已,其结果正像战国时大儒荀子所揭示的那样,必然是"穷而乱,乱而亡"。稳固的社会形成,必须建基于具有普遍统摄性的精神纽带,这已是中外哲人的共识。如赫胥黎就指出:"除非人们一致承认、共同遵守某些相互之间的行为准则,否则社会是不可能组成的。社会的稳定有赖于他们对这些协议始终如一的坚持,只要他们一动摇,作为社会纽带的相互信赖就被削弱和破坏。"① 当代美国著名法学家罗·庞德也认为:"在一个人群熙熙攘攘的世界上,每一个人与其同伴之间的行动,在许多方面都有进行妥协的必要。"②在中国古代,这种"行为准则",可以说大部分都源出于孔、孟及其后学的整理和创设,如"仁者爱人"的"仁学",如"忠恕",如"五伦",如忠、孝,如义、利,如大公无私,如存理去欲,如先国后家,如夷夏大

① 《进化论与伦理学》,科学出版社,1971年,第19页。
② 《通过法律的社会控制》,商务印书馆,1984年,第79页。

防,等等,它们均成为古代世界"一是非"的基准性的法则,在历史实践中构成了古代社会辨别是非善恶的指导原则,也是社会趋同、人们彼此认同的最深厚的"精神纽带"。

2."人最贵"的价值基础

孔孟儒学为中国古代社会奠立了更具普遍性的"人最贵"的价值基础。孔孟儒学内部对人的本性,虽然有性善、性恶的争议,但人最为天下贵的认识则是一致的。孔子强调"仁者爱人",孟子则进一步论述了人有"四端之心",有"良知良能",人与动物不同类,而人均是同质的,人与尧舜皆同类,隐含人是优异的。后世儒者更径直强调人为贵。如荀子力论"人有气有生有知亦且有义",故最为"天下贵";又如《礼记》揭示:"人者,其天地之德,阴阳之交,鬼神之会,五行之秀气也。"(《礼记·礼运》)汉大儒董仲舒则论证人的本质是杰出的:"天地之性人为贵,明于天性,知自贵于物。"(《汉书·董仲舒传》)"人最贵"显然是一个价值判断,它所肯定的是人超拔于天地间万事万物,是宇宙间最为独特,也最为杰出的存在。儒家固然也认可"人有十等"的政治、经济分层与分化,但在人学的理论抽象上,却坚决主张人的本质是同一的,凡属是人,都具有这一"最贵"的本性。也正因如此,在人的本质上,儒家认为人均是等值的,无有高低贵贱之分。由此人的同质与等值,儒家强调人的同类性。其间又包含这样两层意思:一是人与物不同类。孟子在《告子》上、下两篇中,力驳告子生者为性,辨析牛之性不同于马之性,强调人之性绝不同于牛马之性,"犬马与我不同类",因为人有仁义礼智之心;二是凡人为同类。为突出这一点,孟子反复申论,即使是如舜一样的圣人,也是与我同类,我和他一样是人。他说:"麒麟之于走兽,凤凰之于飞鸟,泰山之与丘垤,河海之于行潦,类也。圣人之与民,亦类也。"(《孟子·公孙丑上》)这种圣、凡同类说,显然也就在理论上抹去了人的贵贱之别,确定了人在"类"的框架中是同一的。

其实从外在形体观察就不难发现人的同形、同状,但这种"形而下"的相似性,是自然、表面与肤浅的,儒家的"圣人与我同类"说则从形而上的所以然的深层次上,揭示了人与人相同的理由。而且这种相同是必然的,不是偶然的。人皆同类,于是,人与人的彼此认同,也就有了哲学上的依据。儒家提倡的"仁者人也"以及"仁者爱人"正是这一认同的表现。这种基于人本质抽象之上的"同类"与"爱人"判断,在理论上超越了所有地域与血亲组织的局限,呈现出绝对的,以人为对象的认同原则。"天下一家"、"四海之内,皆兄弟"、"民吾同胞,物吾与也"之类的表述,就显示了这一原则中所包含的对人的认同的普遍性。尽管实际上很难达此境界,但这并不妨碍它在思想上产生"泛爱众"的博爱倾向。总之,基于人的价值认知之上的"同类"意识,也就在超越的层面上为古代社会的认同,既提供了充分的理论说明,也开辟了宽广的、光明的远景。

3."修齐治平"的精神动力

儒家不仅为古代社会的认同与凝聚提供了精神纽带和价值基础,还酝酿了强大的精神动力,推进中国古代文明的发展进步 。

孔孟儒学充溢着"人能弘道"的奋进精神。儒学主张人为天地之灵杰,"万物皆备于我"!"我"是自足的、无待的,更是主动与自为的,所以"人能弘道,非道弘人"(《论语·卫灵公》);而与此相对应,"万物"则是被动与自在的,故儒学宣扬"是故诚者,天之道也;思诚者,人之道也。"(《孟子·离娄上》)"人能弘道"的本体自觉,既为展现人的能动性奠定了历史性的平台,也极大地烘托了"强恕而行,求仁莫近"的主体道德能力,即"思诚"不存在能不能的问题,而是为与不为的问题。孔子说:"我未见好仁者,恶不仁者。……子曰:有能一日用其力于仁矣乎? 我未见力不足者。"(《论语·子路》)

由"人能弘道",孔孟儒学特强调自强不息、进取有为。孔子就一直大力提倡"不怨天，不尤人"的"为仁由己"。颜渊问孔子何谓仁，孔子答："克己复礼为仁。一日克己复礼，天下归仁焉。为仁由己，而由人乎哉！"（《论语·颜渊》）正是本此"由己"，孔子强调理想的道德活动应当完全是自觉的、主动的。"子曰：君子求诸己，小人求诸人。"（《论语·卫灵公》）这里"小人"与"君子"的对比，清楚地显现出孔子对"求诸己"的赞赏。孟子更是竭力宣扬"强恕而行"，在他看来"祸福无不自己求之者"，人完全有能力改变自己的道德状态，尧舜之所以成为尧舜，"亦为之而已矣"！这里意欲张扬的无疑是人为的决定性作用。孔子甚至要求"知其不可而为之"，孟子也主张，有作为的人，没有条件也要挺身而出、奋勇前进。"待文王而后兴者，凡民也；若夫豪杰之士虽无文王犹兴。"（《孟子·尽心上》）孔孟儒学所阐发的能动精神，滋养、弘扬了华夏文明中"天行健，君子自强不息"的精神风貌，彰显了中华民族乐观、自信和不懈奋斗的品格。

孔孟儒学还洋溢着突出的家国情怀，以天下为己任，宣扬"修齐治平"，其间充满了一种任重而道远的历史责任感与"舍我其谁"的使命意识，它滋养出为国分忧，为国奉献的大公精神。它突出了国家与社会的利益，并激励人们为了这一利益而英勇奋斗。"苟利国家生死以，岂以祸福避趋之"！历史上无数仁人志士，以兼济天下为抱负，为民族和国家的利益前赴后继，英勇奋斗，甚至为国为民而慷慨赴难，视死如归。这种家国情怀，势必激起民众对国家命运的关注，涵育并激发爱国热情的高涨，从而形成推动社会发展进步的强大动力。

在古代中国，"儒如五谷"，孔孟儒学滋养、呵护，并推动了中华文明的进步与发展，它促使中华民族和中华文化数千年来生生不息，并在今天仍然葆有蓬勃的生机与活力。